使命的力量 II

——当下企业家的时代使命

中原景辰团队 主编

中山大学出版社

·广州·

版权所有　翻印必究

图书在版编目（CIP）数据

使命的力量Ⅱ：当下企业家的时代使命/中原景辰团队主编．—广州：中山大学出版社，2022.3
ISBN 978-7-306-07470-6

Ⅰ．①使… Ⅱ．①中… Ⅲ．①企业家—生平事迹—中国—现代 Ⅳ．①K825.38

中国版本图书馆 CIP 数据核字（2022）第 043952 号

SHIMING DE LILIANG Ⅱ：DANGXIA QIYEJIA DE SHIDAI SHIMING

| 出 版 人：王天琪
| 策划编辑：吕肖剑
| 责任编辑：吕肖剑
| 封面设计：曾　斌
| 责任校对：贾艳润
| 责任技编：靳晓虹
| 出版发行：中山大学出版社
| 电　　话：编辑部 020-84110283，84113349，84111997，84110779，84110776
| 　　发行部 020-84111998，84111981，84111160
| 地　　址：广州市新港西路135号
| 邮　　编：510275　　　　　　传　真：020-84036565
| 网　　址：http://www.zsup.com.cn　　E-mail：zdcbs@mail.sysu.edu.cn
| 印 刷 者：广州市友盛彩印有限公司
| 规　　格：787mm×960mm　　1/16　　10.75 印张　　105 千字
| 版次印次：2022 年 3 月第 1 版　　2022 年 3 月第 1 次印刷
| 定　　价：98.00 元

如发现本书因印装质量影响阅读，请与出版社发行部联系调换

优秀企业家必须对国家、对民族怀有崇高使命感和强烈责任感。

——习近平总书记在企业家座谈会上的讲话

(2020年7月1日)

作者简介

中原景辰：河南省周口市人
本名：王辽东
大学本科学历，获中国政法
　大学法学学士学位
出版作品《专注与多元》
《人性与机制》《心之力》
《使命的力量》等
14 种扫描测位术创始导师

吴晓唯：江苏省无锡市人
14 种扫描测位术导师
产品设计策划定位一体化解
　决方案导师
14 种定位扫描术联合创始人

本书编委会

顾　　问：吴晓唯
执行主编：中原景辰
副 主 编：刘　娜　张羽芊　王泽润　刘漂毅　程秀霞
　　　　　于建文　李　民
编　　委：张语菲　吴肖丽　杨汐诺　张佳樗　李海畅
　　　　　何胜强　曾腾辉　杜芳华　周峰田　邢美诗
　　　　　陈　淋　崔钦芳　张　翠　李海畅　张　腾
　　　　　梁语涵　香　茗　任丽颖　易　伟　李惠婵
　　　　　危杰棉　温雁冰　杨汐诺　徐宛惠　侯均庭
　　　　　陈秀兰　黄芷言　蒋代婷　邓冰琦　陈嘉慧
　　　　　褚慧诗　樊　秦
指导专家：卢明哲　万传华　宋能望
策　　划：曹晴华　李海畅　非凡木子
插　　画：蒋代婷　梁语涵

协力单位： 深圳市外商投资企业协会

深圳市 VR 产业联合会

广州工商管理学院日语学院

深圳市瑞立视多媒体科技有限公司

九美鱼（广州）生物科技公司

和風番中日文化传媒（广州）有限公司

匠艺（广州）文化传播有限公司

广州市创想行文化传播有限公司

东莞市鑫彪实业投资有限公司

景德镇市泊菲特口腔医疗管理有限公司

自　　序

我们为什么要写这本书？2020年新冠肺炎疫情暴发，党和政府采取了一系列有效措施防止疫情扩散，使疫情得到了控制，为世界防疫提供了中国方案，树立了中国榜样。疫情之下，老天也仿佛给我们按下了"暂停键"，在疫情的冲击下，各行各业受到前所未有的考验与挑战。

困难时期如何不再迷茫？创业者、企业家或个人如何在疫情下突围？这成了当代企业家首先要考量的问题。

《使命的力量Ⅱ——当下企业家的时代使命》是继《使命的力量》之后，以理性与逻辑的力量帮助企业家深度梳理企业精神与使命定位的一本书，目的是帮助更多的企业家寻找使命、认清使命、定位使命、发挥使命。

世界百年、千年长寿企业成就非凡的秘诀在于它们无一不是以唤醒内心更为强大的自己、实现利他的崇高理念作为自己的使命与愿景。对生命最大的消耗就是没有使命；使命可以让一个人连接更大的资源与能量，人生最大的战略就是定位清晰。

俗话说，"要想修入世功业，须先修出世精神"。本书最早探索的关键词是"使命"，如何寻找发现有"使命"的自己。特别是三四十岁的人，"三十而立、四十不惑"。怎么样才能找到自己的使命，让人生不再迷茫？西方有一句名言"认识你自己"，本书讨论的就是企业家如何认识自己，应该怎么个活法。

一个人表面上缺钱、缺资源、缺人脉、缺技术，其实这些他都不缺，缺的是方向，缺的是使命，缺的是利他的精神。一个人表面上迷茫，看不到前行的方向，其实是眼神迷茫了，眼神迷茫的原因是心灵迷茫了，眼睛浑浊是因为心灵浑浊了。最重要的是不清楚自己到底想要什么，这是导致迷失自我的根本原因。

一个人没有了热情，生命也就没有了能量，没有了能量，就什么都没有了。而生命的力量之源就是找到生命的热情，找到自己热爱的东西或一项事业，并将对这份事业的热情与更大的世界连接，化为生命的使命，当一个人有了所热爱的东西，有一天热爱的东西会反过来拥抱自己。我们找到了生命的热情，也就活出了生命的意义。

《使命的力量Ⅱ——当下企业家的时代使命》不仅传递了使命对人生的重要性，而且提供了寻找使命的工具及思维方法。在这个充满机遇与挑战的伟大时代，让我们每一个人都能拥有清晰的定位与使命,为实现中华民族伟大复兴而奋斗!

中原景辰团队

2021 年 6 月 21 日

目 录

第一章 当代企业家的时代使命 ·· 1
第一节 当代企业的机遇与挑战 ·· 2
第二节 信念与价值观蕴藏着巨大的能量 ···································· 5
第三节 定位使命，让人生不再迷茫 ·· 8
第四节 用使命破解人生的诸多不顺 ··· 16
奋斗者的故事（一）华为的使命——让华为成为世界一流的通信设备
　　提供商 ·· 19
奋斗者的故事（二）深耕中医价值，助力民族复兴——蔡瑞满的
　　"国医情" ·· 24
奋斗者的故事（三）从"为个人过好的生活"到"为草根人群
　　谋幸福" ·· 32
奋斗者的故事（四）从外来务工人员引路人到技能人才教育输出的
　　"蓝领人才司令" ·· 42

第二章 连接生命热情——使命无限 ·· 50
第一节 你的优势就是你的方向 ··· 51
第二节 连接生命内在的资源与热情 ··· 58

第三节　志不强者智不达 …………………………………………… 64
第四节　成功学与失败学 …………………………………………… 69
第五节　人生最大的战略就是清楚自己的定位 …………………… 74
奋斗者的故事（五）谭木匠"只为做好一把好梳子" ……………… 78
奋斗者的故事（六）精格"水哲学"：净水女匠人——刘林英 …… 81
奋斗者的故事（七）让中国智能人机交互和动作捕捉技术引领世界 ……… 88
奋斗者的故事（八）一幅画与"不染楼"的故事 …………………… 103

第三章　找到差异化，世界总会有你的一席之地 ……………… 109
第一节　独角兽拥有"一招"就够了 ……………………………… 109
第二节　让你的产品会说话 ………………………………………… 114
第三节　聚焦、聚焦、再聚焦——核心竞争力 …………………… 118
第四节　比完美更重要的是拥有自己的闭环系统 ………………… 121
奋斗者的故事（九）德技双修职场领路人——李纲领 …………… 126
奋斗者的故事（十）不忘初心，做政府与企业"合规"的推动者 … 143
奋斗者的故事（十一）从月薪2000元的轮胎搬运工到亿元老板 … 151
奋斗者的故事（十二）贝壳网创始人左晖的"诚意"经营之道 …… 156

后　　记 …………………………………………………………… 161

第一章 当代企业家的时代使命

第一节　当代企业的机遇与挑战

2020年伊始，新冠肺炎病毒席卷全球，这场突如其来的疫情颠覆了很多东西，如国家治理、经济运行和社会交往的方式等，甚至改变了人们固有的认知。

在中国，党和政府第一时间采取强有力的措施，保持以人民生命安全为第一位的高度责任心，使疫情得到有效控制，为世界防疫提供了中国方案。

在这个危机与挑战并存的时期，企业的出路在哪里？如何突围？这是企业家首先要考虑的问题。

在新冠肺炎疫情防控常态化和国际新形势下，企业不仅要从宏观上看国际环境趋势，也要在微观层面思考本行业和企业的发展现状与前进方向。在国际大环境下，西方国家围堵打压中国的高科技企业，包括对中国华为等企业进行打压。同时，疫情仿佛将企业带到了一个十字路口。这也是企业反省自身抗风险能力的良机，在危机中也蕴藏着变革的潜力。

在新冠肺炎疫情防控时期，一些传统的商场企业受到影响而闭店关门，还有一些企业因疫情影响而订单减少，特别是做国际贸易的企业受全球疫情的影响最大。

对于企业来说，在新冠肺炎疫情防控常态化下如何实现突围与突破？怎样活下去？如何自我变革与创新？这不仅是企业面临的经营困局，也是整个社会经济面临的难题。

2020年7月21日，习近平总书记在企业家座谈会上指出："优秀企业家必须对国家、对民族怀有崇高使命感和强烈责任感。"这就为解决这个社会重大问题指明了方向——企业家的使命感和责任感。

文化是人的思想、行为、习俗、精神财富、物质财富等的总和，也是一个民族的人生观、价值观、世界观等的总和。我们中华民族是一个具有悠久历史文化的国家，尽管有外强入侵的历史，但中华民族文化从未中断过，甚至还将外来文化融合起来。可见，文化自信源于中华优秀文化所蕴含的强大文化基因。

那么，我们企业如何树立企业使命与价值观呢？

华为的管理守则中写道："爱祖国、爱人民、爱事业和爱生活是我们凝聚力的源泉。责任意识、创新精神、敬业精神与团结合作精神是我们企业文化的精髓。实事求是是我们行为的准则。"

以华为的社会责任价值观作为总结，那就是："以产业报国和科教兴国为己任，以公司的发展为所在社区作出贡献。为伟大祖国的繁荣昌盛，为中华民族的振兴，为自己和家人的幸福而不懈努力。"

使命的力量 II
——当下企业家的时代使命

编者点评:

在新冠肺炎疫情防控时期企业如何突围？企业在危机中出现缺技术、缺资金、缺人才、缺资源的情况，其实缺的是抗风险的能力以及清晰的定位与使命。俗话说："要想修入世功业，须先修出世精神。"定位清晰可以给人以方向、给人以希望；使命明确可以给人以能量、给人以信心。

第二节　信念与价值观蕴藏着巨大的能量

在中国共产党成立100周年之际，思考中国共产党的成功靠的是什么，答案就是始终坚守"为人民谋幸福、为民族谋复兴"的初心和使命，这是党团结带领全国各族人民顽强拼搏，创造富强民主文明社会主义国家的强大信念。作为当代企业家，我们要学党史、感党恩、跟党走。学习党的历史，是企业家洗涤思想、把握时代使命的必由之路。

一、拥有什么样的信念就拥有什么样的人生

有一个正在建设的工地，工地上的砖头总是被附近的村民偷走，这让工地管理人员很是头痛。有一天，这位管理员在砖头旁边竖了一个牌子，上面写着三个字——"盖庙用"，从此工地就再没有丢失过砖头。你知道砖头为什么不会丢失了吗？

信念取决于价值观，行为背后有动机，这个动机就是"信念系统"。一个人清晰了解自己的信念系统，人生会更有意义，更有力量，而一个人的信念系统是由他的"三观"即世界观、人生观、价值观决定的。一个企业，一个企业家，更要有自己的价值观。这种价值观会涵养企

业文化、决定企业走向。

二、人与人之间的冲突是价值观的冲突

从信念上说，一个人拥有怎样的信念就拥有怎样的人生。一个人的动机与意图是一个人所持信念的外化，一个人的信念是由他的世界观、身份所决定的，信念由此创造一个人的价值观。

对企业管理者来说，已经不能单纯用制度、考核、处罚来管理团队，而应该发挥价值观、使命与愿景的力量。

企业要让使命与价值观发挥足够的驱动力，让每一个团队成员都觉得自己的人生和使命与企业有直接的关系，真正愿意为使命与愿景付出，这样才能使企业价值观发挥作用。对于企业带头人来说，只有找到公司的愿景、使命、价值观，企业的所有人才会从"我为你付出"变成"我们并肩为共同的愿景而奋斗"。

清晰的定位为什么这么重要？像华为这样优秀的企业为什么这么关注企业的使命、愿景、价值观？这样做能给企业带来什么好处呢？我们可以看到，一个企业，只有它的使命足够清晰，有先进的经营理念及崇高的理想，才能够吸引一批志同道合的人才、高端的人才。这些人进入公司不仅仅是为了钱，更会觉得这是在做对社会很有价值的事，是值得奋斗的事。

编者点评：

每个人生长的环境、经历不同，导致每个人性格不一样，想法不一样，感悟也不一样。有些想法和思维已经固定在灵魂深处，改变的可能性几乎为零。团队信念与价值观就是拥有清晰的定位与使命，使命如前行的一盏明灯，使命如前行的路标，使命如海上的灯塔。

第三节　定位使命，让人生不再迷茫

改革开放四十多年来，中国作为世界第二大经济体正在释放前所未有的活力。这是无数具有开拓精神的创业者埋头苦干的体现。这种精神也在慢慢驱动着中国经济的历史性转型。在这个信息大爆炸的时代，企业之间的竞争不仅是技术信息处理的竞争，产品创新、商业模式、运营系统、顶层设计等也考验着创业者及企业家的心力与商业思维能力。

定位使命为当下迷茫的人们，特别是为商海中打拼的人们提供了一个航标。在这个时代，如何在逆境中克服困难，奋斗出一番无愧于人生的事业，是每个企业经营者都需要思考的问题。

何谓使命？在汉语词典里，"使命是指出使的人所领受的任务"，比喻重大的责任。对于企业家来说，使命还有一层意思，就是目标或者召唤，一种"为世人、为社会"做贡献的强烈的意愿。使命是一个人或一个企业方向与动力的源泉，心力不仅决定一个人的生命能量与智慧，也决定一个人的心智模式与思维模式。一个人具有怎样的心智和使命，其人生就会拥有怎样的思想、行为，从而决定着其拥有怎样的精神财富与物质财富。事实告诉我们，众多优秀的企业家都具有"拥抱时代"的担当精神。

进一步讲，一个人具有的心力与思维模式，反映其本人的人生观、价值观、世界观。再进一步讲，心力就是一个人的心灵宝藏，是一个人"去除小我，成就大我"的呈现。一个具有社会使命感的人，可以与社会上更大的能量、更多的智慧、更大的资源进行连接。

中国经济体的强大容量与活力，也在牵引着中国商业文明的方向。新的时代属于这一代人，更属于未来的青年人。人的一切创造都来自社会。一个人在环境中所经历的、所体验的，都会影响他的心智与思维方式，最终会形成其信念与价值观。然而，使命是更高的系统，它可以影响人的信念与价值观。

在未来，经济社会的竞争，是企业与企业的竞争，是企业家与企业家的竞争，最后一定是人与人之间的竞争；而人与人的竞争，一定是人与人的心力与使命的竞争。随着中国"一带一路"倡议不断取得新的更大进展，中国人及中国文化会走向世界、影响世界。那么，如何找到自己人生的使命及企业的使命？使命来自对世界、社会、人生的认知与自我的链接，使命是生命力的热情表达，使命是对生命意义的唤醒。

每个人来到这个世界都有自己的使命，使命需要靠自己去觉知与唤醒。

其实很多富人也不太清楚自己为什么会变得富有。他们很多人在最初的时候其实并不清楚自己的使命，只是想做点事情。或许是先找到有能力干的事，干着干着就产生了价值，就有了热情，慢慢就找到了意义与自信，然后相信价值、坚信意义，坚定自己、相信自己，慢慢地就有了使命。

如何找到自己的使命？企业家一路的成长故事会给正在创业的年轻人很多启示。团队在走访企业家，让他们给现在一些刚走出校门的青年及创业者一些建议时，他们的回答是，他们最初也不清楚自己的使命在哪里，只是有一个大概的愿景，就是想要改变。有时候也不太清楚企业是怎么走到今天的，有的人认为是因为自己的勤奋和努力，也有一些市场机遇。但是，一个人一定要找到自己的热情，并将热情转化为社会价值。当问到使命的重要性时，绝大多数成功的企业家认为使命很重要，因为它就如前行的指南针，是团队的导航，也是团队的风帆。过去怎么走过来的，或许也不太清楚，或许只是一种强烈的愿望，但是，未来怎么活则是一定要清晰的。

一、信念的力量

财富的多少取决于你使用标杆的水平，当你做到了以下几点，你必将成为一个取得非凡成就的人。一是要让有智慧的人把智慧传授给你;二是让有钱的人把钱投资给你;三是让有资源的人把资源转让给你;四是让有能力的人把心交给你;五是一定要拥有自己清晰的使命,因为使命可以为你提供所需要的资源与能量。

信念在哪里,事业的焦点就在哪里,能量就在哪里。一般人的意念都在自己认为最重要的事上。不要让意念被外在的杂事牵引,而要做意念的主人。意念决定能量,认知决定边界,信念能量无限,但需要使命承载。

任正非创立华为时明白了"使命"这两个字,写下了一句话:"让华为成为世界一流的设备供应商……"

世界变了,讲述品牌的方式变了,在自媒体、粉丝文化时代,人们只关心自己关心的内容(重要性、确定性、价值性)。例如介绍一部手机,有的人说这是一部手机;有的人说这是一部高清晰的手机;有的人说这是一部可以拍电影的手机;也有人说这是一部可以拍星星的手机。一句"怕上火,喝王老吉",给这个原本不出名的广东"地主茶"注入了生命能量,使其从一个年利润几十万元的小作坊成长为一个百亿元知名品牌企业,这就是"一句话"的力量。

一个人或一个企业为什么要有清晰的定位?定位即未来,唯有清楚定位才能清晰前行的方向。华为任正非花了10亿美元请IBM作华为战略定位顾问,才有了世界级公司。一个人或一家企业迷茫,表面上缺钱、缺人、缺资源,但根本上缺的是心力,缺的是使命与清晰的定位。一个人或一个企业拥有了清晰的定位,才能克服前行路上的恐惧。

二、百技不如一诚

人想要在事业上取得一番成就,需要获得伙伴的支持、客户的信赖。在企业经营过程中,人的心性起着决定性的作用。一项经得起洗礼和考验的事业需要人有对这份事业的意诚。

诚的第一境界就是坦诚,承认自己的不足。有些有能力但性格急躁的、以自我为中心的人往往不愿听取别人的意见,即使听了,也会找理由进行反驳。真正能够取得一番成就的人,怀有坦诚之心,会经常听取别人的意见,会经常自我反省。这样的人周围会凝聚同样心态的人,进而就拥有了大众的力量来推动事业的发展。

"诚"并不是要顺从别人的态度,而是用心同对方沟通,承认自身不足,并怀有努力改进的谦虚态度。一个团队的成员如果没有坦诚之心,就可能会出现尔虞我诈,就无法成长进步。

"诚"的另一个境界就是意诚,《大学》开篇就有讲:"古之欲明明德于天下者,先治其国;欲治其国者,先齐其家；欲齐其家者，先修其身；欲修其身者，先正其心；欲正其心者，先诚其意；欲诚其意者，先致其知；致知在格物。物格而后知至，知至而后意诚，意诚而后心正，心正而后身修，身修而后家齐，家齐而后国治，国治而后天下平。自天子以至于庶人，壹是皆以修身为本。其本乱而末治者否矣。其所厚者薄，而其所薄者厚，未之有也！此谓知本，此谓知之至也。"

《大学》第一句"古之欲明明德于天下者，先治其国"，意思是指在古时候，想要使美德显明于天下的人，先要治理好他自己的国家。第二句"欲治其国者，先齐其家"，意为使家族齐心协力、和睦平安。意思是指要想治理好自己的国家（治国），一定要先治理好自己的家族。第三句"欲齐其家者，先修其身"，意思是要想治理好自己的家族，一定要先努力提高自身的修养，这里的"修其身"是指提高自身各方面的修养。第四句"欲修其身者，先正其心"，意思是指想要提高自身品德修养，必须先端正自己的内心。《大学》告诉我们修身的关键在于正心。正心、正念，这个"正"是指人生所做的事要符合宇宙"道"，符合"德"，有利于社会发展和人类进步，给他人带来利处，也是稻盛和夫先生所提出的"作为人，何谓正确"。

但正心之前要先诚其意——"意诚"。《大学》中紧接着说"欲正其心者，先诚其意"，意思是指想要端正自己的内心，必先使自己的意念诚实，明则诚，诚则明，诚是做事第一准则。

功业成败，"诚"是一个核心能量，所有外在的东西，都来自人与自己的关系、人与人的关系、人与社会的关系、人与世界的关系。"诚"是不自欺、不欺人、不被人欺。一个人诚实守信，自然会有许多人真心相待，所谓得道多助，失道寡助。

诚实守信、为人正直，胸中就会有刚正之气；态度诚恳，心态就会平稳，会有海纳百川、有容乃大的气度。而这也正是一个企业家"内圣外王"的另一重境界。

如何确立自己的使命？需要做到以下五个方面。一是用心体验，用心去体验这个世界，用心去做好每一件事，在体验中验证自己的想法，多出去走走、看看，体验了世界才有世界观；二是先广后深、先博后专，大千世界，总会有你喜欢的一项事业在等着你；三是将热情转化为价值，将自己喜欢的事转化为社会做贡献、为世人做奉献的价值；四是找到人生榜样或行业标杆，向榜样与标杆学习，并超越他们；五是当人生什么都没有找到的时候，用心做好四个词，就是"正心、诚意、致知、格物"。

未来将是我们企业"走出去"的新时代，在"一带一路"伟大倡议实施进程中，我们的企业将带着"为实现中华民族伟大复兴"的使命，将我们的中国文化、中国故事传递出去，影响惠及世界更多的国家和人们。

编者点评：

　　人生在拓展事业时，如果失去了精诚纯一的精神，则会事业不济，也感受不到追求事业过程中的幸福与快乐。一个人只有心诚了，才能知道自己真正想要什么，才能更为深刻地理解私心了无，才能明心见性，才能找到自己真正的使命。

第四节　用使命破解人生的诸多不顺

一、立愿——成功的首要基石

从前有两个和尚（一穷一富）一起发愿要去南海普陀山。富和尚计划坐船去，因为担心钱不够，还在化缘，等募足了钱再去。穷和尚却立刻动身，在路上一路化缘、一路前进。过了一段时间，富和尚还没出发，穷和尚已经从普陀山回来了。

从这个故事我们可以知道，拖沓的人不见得没钱，也不见得没时间，他们缺的是"当下即是"立刻行动的力量。

一个人要想幸福，要想事业有成，跟自己的立愿有很大的关系，许愿、祈愿与立愿有何区别？一字之差，但意义差别有很大不同，蕴藏的能量也有很大不同。祈愿就不一样，如农民希望风调雨顺、五谷丰登等，这就叫祈愿。祈愿是不需要还愿的，这与许愿的意义不一样。但比许愿和祈愿更高级的是立愿，比如说，自己要发一个大愿，"一定要资助1万名穷困大学生，建100所希望小学"，这就叫立愿。

二、利他——成功路上更远的灯塔

有个《九尾美人鱼》的故事。传说世间一切生灵皆可修炼成仙，同时能获得极致之美。美人鱼自然也不例外，每修炼百年，她就会多长出一条象征美的尾巴，修到九条尾巴的时候，即功德圆满，连天上的神仙都要敬让三分。可是，这第九条尾巴却极难修炼得到，当修炼到第八条尾巴时，会得到一个提示，帮助遇见她的人实现一个愿望，愿望完成后，会长出一条新的尾巴，但是从前的尾巴也会脱落一条，仍是八尾。这看起来是个奇怪的死循环，无论怎样都不可能修炼出第九条尾巴。

有一位很虔诚的美人鱼，已经修炼了不知道多少年，也不知道帮过多少人实现了愿望，但仍然只有八条尾巴，她向佛祖抱怨："这样下去何时才能修炼得道？"佛祖只是笑而不语。

有一天，海面上突然刮起了狂风，一个少年不幸掉落海中，此时美人鱼不费吹灰之力，很快就把少年救到了岸上。按照提示，她需要帮少年实现一个愿望，然后脱落一条尾巴后再长出一条新的尾巴，继续这个死循环。少年惊喜万分，美人鱼的传说在当地不知流传了多少年，而自己何其幸运，救自己的竟然是美人鱼，还有一个无论多奢侈都能够实现的愿望。

美人鱼问少年的心愿是什么，少年一时竟回答不出来，于是美人鱼变身成一个普通的女孩，暂且去到了少年的家。在之后相处的几天里，少年却发现她的眼神里除了有看透世事的淡然以外，竟然还有些许忧伤。当少年得知死循环的秘密之后，竟然对这条神通广大的美人鱼产生了怜悯。有一天，美人鱼急切地问少年："你到底有什么愿望？"少年想了想，很认真地问："真的什么愿望都可以实现吗？"美人鱼看了他一眼，坚定地说："当然可以。"少年微笑着一字一顿地说："那么，我的愿望就是你能拥有第九条尾巴！"美人鱼愣住了，眼睛里充满了疑惑，随后是一种难以言表的幸福感。她深深拥抱着少年，觉得很温暖。

美人鱼长出了华丽的第九条尾巴，变成了真正的九尾美人鱼。

原来得道的天机竟是如此，只有遇到一个愿意成全她的人，美人鱼才能修炼成美丽的九尾美人鱼。美人鱼之前遇到的人都只为自己考虑，想着让美人鱼为他们实现自己的愿望，从不考虑美人鱼的感受，却不知每一条尾巴都要美人鱼付出百年的修炼。人们在得到命运的眷顾时，所许的愿望都是为了自己。对于天上掉下来的幸运，人们总是觉得理所当然。愿意用自己难得的运气去成全别人的圆满，这才是对美的最好诠释与呈现！

第一章 当代企业家的时代使命

奋斗者的故事（一）

华为的使命——
让华为成为世界一流的通信设备提供商

任正非出生在贵州省安顺市镇宁县一个偏僻的小山村。他在贫困中度过童年，在他的记忆里，吃一个白面馒头对他来说都是一种奢望。为了改变命运，他把读书学习当作唯一的希望。功夫不负有心人，经历了很多苦难与失败，他终于在困境中找到了希望，用了 27 年把他创立的公司带入世界 500 强，使之成为行业全球的龙头，他的经典信条就是："苦难是人生一笔最宝贵的财富，如果没有经历童年的贫苦饥饿以及人生的挫折，就不可能有今天的成就"。这个人就是华为创始人任正非先生。

任正非的经营哲学

任正非给很多人的印象是高度理性、不苟言笑、铁面无情、一言九鼎，但更多的是给人雷厉风行的军人印象。任正非写过很多经典的文章，如《华为的冬天》《华为的红旗到底能打多久》《我的父亲母亲》《北国之春》等，被众多的企业家、专家、学者和大学生们奉为经典。他还有许多妙语和名句，如"多打粮食""绝利一源""不让雷锋穿破袜子"等。"绝利一源"出自《黄帝阴符经》，讲的就是精力管理、精力善用等哲学思想。从任正非朴实的言辞中，我们可以看出，与其说任正非是一位企业家，不如说他更像一位商业思想家、企业经营哲学家。

自我批评精神已成为华为的"传家宝"。批判与自我批评是我们人民军队的"传家宝"，军人出身的任正非，把部队中的优秀管理方法运用到了企业里。

任正非之所以重视自我批判，起源于其批判与自我批判的文化价值观。但如果一种文化不被吸收，那么一个团队就很难形成、成长起来。华为开会也采取了与众不同的方法，要先说别人哪里做得好，再说自己哪方面做得差，然后再说别人哪里做得不好。

经营企业首先要靠制度，然后是文化跟进。某种程度上说，华为是哲学先行，自我批判紧跟其后，华为将自我批判作为执行制度的加温剂，以使管理制度被认同。

定位使命，削足适履般去执行

1998年，华为在交换机领域已是国内行业的佼佼者。面对发展与变化，华为开始了与IBM的项目合作，聘请IBM作为华为的战略发展顾问，将华为定位为："让华为成为世界一流的通信设备提供商。"华为为此专门成立管理工程部，进行长达5年的流程再造，仅顾问费一项每年就投入5000万美元，交纳了10亿美元学费。

能够做到这一点的公司极少，而任正非提出"削足适履"的观点，即先僵化再优化。任正非认为，用教条主义的方法来推进变革，也许不是最完善的办法，但"削足适履"是让员工养成遵守制度的惯性、培养员工的制度意识的必经阶段。任正非之所以花费数十亿引入IBM的管理系统，并且能认认真真地学习，源于当年任正非带领华为高管走访美国休斯公司、IBM、贝尔实验室、惠普等公司的经历。他感叹道："只有认真向大公司学习，我们才能少走弯路，少交学费。"因此，在任正非看来，"华为付出了数十亿代价"是值得的。华为的成功不仅是哲学与制度结合的结果，更是将人生崇高理想与国家民族责任联结在一起的结果。

狼性机制——"全员持股，为自己干"

华为为什么会有这么强大的团队？因为华为有一套完善的分配机制。任正非本人只占华为1%的股份，而99%的股份是20万华为员工的。在华为只要肯奋斗，人人都可以是股东。俗话说，狼与狗的区别是狼行千里吃肉，狗行千里吃屎。华为为培养"狼性员工"，首先改革薪酬体系，最大限度地激发千万追随者的斗志，培养他们的雄心斗志。任正非真正看透了人性，能够尊重和理解商业法则，并以身作则一以贯之，结果也换来了员工的将心比心。

狼性文化并非一般的团队精神，任正非所强调的华为狼性文化是指"狼性"背后的危机意识。2001年，任正非发表《华为的冬天》，他把狼性文化定义为偏执的危机感、拼命精神、压强原则等。在社会变化如此之快的今天，要跟上时代的变化，需要敏锐地发现客户所关注的问题。狼性的特点就是同心协力、协调作战，并且战果由成员共享。某种程度上说，华为的"战果共享"是其全面提升组织活力和核心竞争力的秘诀。

华为走的是共赢之路，通过让利给别人，特别是华为的员工，让员工实现从"为老板干到为自己干"的转变。利益共享机制的建立，反映了华为对员工利益的基本态度，体现了华为对员工的真正尊重。任正非是真正的哲学家、人性的大师，因为他知道，人最基本的诉求首先就是获取利益的诉求。

不拘一格的人才管理

华为把员工分为三类：一是普通劳动者，二是一般奋斗者，三是有成效的奋斗者。针对三类不同的群体，华为提出不同的管理要求，并给予不同的薪资待遇。其实，华为员工的流动性并不小，但很少是被挖走的，大多数是在华为能力提升后，主动出去创业的。他们得益于华为的"五级双通道"，即技术通道和管理通道。两条职业通道纵向划分为五个等级，技术类对应技术专家，管理类对应行政管理人员。员工可以根据自己的特点，并结合业务发展情况，为自己设计切实可行的职业发展通道。这两条通道像滚雪球一样发展得越来越快，华为涌现了很多技术、营销、制造、采购、财务及人力资源等方面的专业人才。华为尊重和重视员工个性，制定员工上升通道，让企业中的每一名员工都从心底里真正认同企业的管理理念，让员工真正心悦诚服地融入企业的大家庭中。

编者点评：

华为为什么强大？为什么能成为中国人骄傲的民族企业？这是因为任正非会算大账，华为不是要进入很多领域、很多个行业，而是要在一个行业里做到极致。更重要的是，他将这个领域企业存在的价值与使命同国家民族伟大复兴联结在一起。

奋斗者的故事（二）
深耕中医价值，助力民族复兴
——蔡瑞满的"国医情"

创春园创始人——蔡瑞满

蔡瑞满

蔡瑞满，广东省佛山市南海区罗村上柏蔡边村人。出身中医世家，第七代传人，从医四十余年。秉承父辈教导，孝德善行，以诚待人，提倡起居饮食养生、行为养生、调理养生,强调中医理论的重要性、天地人和的整体性,自身坚持养生之道,言传身教,热衷于分享探讨,利民惠民,留下了不少医德高尚的故事为世人品评。

蔡瑞满获得了许许多多的光荣称号和奖项,其荣誉证书和奖章等被佛山名人档案馆收藏。由于奖项较多,档案馆为蔡瑞满设立了一个专门展览室,使蔡瑞满的贡献得以让后人知道。

创春园的志愿者服务队

现在蔡瑞满还会在各社区、单位的诚意邀请下免费为市民义讲健康养生知识，传承中国中医药文化。他每年坚持组织企业探访敬老院、流浪者收容中心，关心环卫工人、孤寡老人等需要关心的人群。以慈心弘扬美德，以善心传递爱心，蔡瑞满辛勤的汗水换来了累累硕果，先后获得了"中华名医协会理事""中华妇幼健康促进行动联盟理事""广东改革开放三十年突出贡献人物""2016年佛山市十大孝爱人物""2018年最美佛山人"等荣誉称号。

仁心仁术，妙手回春

早年蔡瑞满发表的论文《防治妇科病首选清宫》，在中医药学术论坛演讲极具震撼力，受到广大专家的认可及赞赏。现第七代产品已申请为国家专利产品，受到广东省卫生厅的大力推荐及支持，无数因子宫瘀塞而导致妇科疾病的患者得到了治愈，临床治愈例上千，并申请国家专利，帮助上千例女性成功自然受孕。因在治疗不孕不育等女性疾病方面有突出贡献。

在几十年前，一名妇女因患脑血栓中风半身不遂，在香港治疗两年未有好转，四肢不能活动，生活不能自理，蔡瑞满将其治愈，受到南海区卫生局的表扬和奖励。

蔡瑞满退休后被罗村医院返聘担任全科医生，返聘7年。在返聘看诊期间，只要是蔡瑞满坐诊，每天都有上百名患者排长龙,工作无论多繁忙,蔡瑞满始终保持谦和的态度,对每一个患者都像对自己亲人一样用心,为他们解除疾病之苦,深受患者和患者家人的敬爱。

助力民族复兴,深耕中医价值

中医药学是中华民族的伟大创造,是中国古代科学的瑰宝,也是打开中华文明宝库的钥匙,对世界文明产生了积极影响。

尊老敬老是家族的传统

蔡瑞满热爱中医药学，期望中医药学得以优良传承，用毕生的心血致力于中医药传承和中医药研发创新。为了使中医技术得以更好地传承和服务社会，他开设"师承班"，现累计收了将近200位弟子。在严格要求下，蔡瑞满把中医中药知识和自身总结的独特中医调养秘技毫无保留地系统式传授，把弟子当自己孩子一样。

蔡瑞满通过"传帮带"的方式对弟子们悉心指导，十年如一日，直到弟子经验丰富后再经过多重严格的考核，方能于创春园门店为有需要的人群独立服务。

传承创新发展中医药是新时代的大事，对于坚持中西医并重、打造中医药和西医药相互补充协调发展的中国特色卫生健康发展模式，发挥中医药原创优势，弘扬中华优秀传统文化贡献了自己的力量。

孝德传承，爱满佛山

孝是中华民族传统美德，传承孝德文化，大爱孝为先。《孝经》第一章开宗明义："夫孝，德之本也，教之所由生也。"孝是道德的根本和教育的源头。《孝经》把孝分为三个层次："小孝"，能孝敬自己的父母；"大孝"，能孝敬天下人的父母；"至孝"，能成为天下圣贤，普利天下众生。

作为行医世家当家人，蔡瑞满因父母早逝，年轻时就担当起家庭的责任，后来照顾中风的岳父 20 余年。老吾老，以及人之老，他坚持为社区老人免费看病，用爱行动，风雨不改。同时，他大力支持弘扬孝德文化，用传承和孝爱的观念教育后代。

为了实现传承，蔡瑞满用理念时刻教育引领着子孙后代，对两个儿子蔡津祥和蔡锡祥言传身教。他们对下一代亦是严格要求，尊老敬老从娃娃抓起，蔡家孩子自小便受孝爱文化熏陶。

为传承使命，立志弘扬中医药文化

蔡瑞满的大儿子蔡津祥，跟随他学习药理和养生知识，20 年来，父子并肩作战，创立佛山市南海蔡瑞满食品有限公司，从一个 26 平方米的办公室开始经营发展，从渠道拓展到药食材采购把关，关关亲力亲为，呕心沥血地为公司经营拓展，从食品公司到品牌企业"创春园"，终于使企业成为一家集研发、制造、销售、培训于一体的自产自营自销的公司。

充满活力的创春园团队

蔡津祥和蔡锡祥自小受父亲耳濡目染,一心立志弘扬中医中药文化,他们承诺说,父亲用他的生命和名声缔造了"蔡瑞满创春园"品牌,他们也要用生命去经营和传承它,以呵护百姓健康为己任。蔡津祥深信,修合虽无人见,存心自有天知。只要坚持不懈,必能不辱使命。

第一章 当代企业家的时代使命

（团队在采访中，左起：卢明哲、蔡津祥、蔡瑞满、中原景辰、徐宛惠、蔡锡祥）

编者点评：

　　在和蔡先生交流中，笔者内心深深感受到蔡先生藏在心中的那份"让中医药文化在孝爱中传承和弘扬"的使命感，更能感受到他那份"让中医养护成为人类全生命周期的健康守护者"的美好愿景。为此，蔡先生将这份使命和愿景注入创春园品牌经营与发展的理念中。

奋斗者的故事(三)
从"为个人过好的生活"到"为草根人群谋幸福"

姬彦江

姬彦江出生在河南省驻马店市一个农村家庭。1993年,姬彦江怀揣着闯一闯的"南下梦"来到了深圳。对于没有什么学历和技术的姬彦江来说,当时想在深圳找一份工作都很难,因为当时很多工厂招的都是女工。他跑了很多个工业区,终于在一个工业区的一家工厂找到了一份搬运工的工作。由于姬彦江个子高、长得膀大腰圆，一看就像很有力气的人，经过面试，他很快就被工厂录用了。当时一个月工资300元，搬运工的工作从早上8点到晚上8点，由于工厂的搬运工时常要跟送货车走，姬彦江经常很晚才下班。

搬运工的工作除了辛苦以外，还有就是工作时间长，经常要加班，通常每天要工作12个小时，但这样的长时间工作并没有让姬彦江的收入增加。

板栗小贩的第一桶金

在后来的几年，姬彦江换了几份工作。有时候他想，"打一份工，始终是拿一份工资，未来要想有出路还是要做生意才行"。于是他开始有了做点小生意自己当老板的"致富梦"。有一天，他在报纸上看到冰激凌机器的广告，于是他就用自己积攒下的几千元钱再加上向朋友借的钱，买了一台冰激凌机，在一家超市门口卖起了冰激凌。冰激凌原料都是厂家配好的，按指定的配方比例放配料就好了。

在超市门口生意好的时候一天可以卖出两三百个，除去本钱一天可以赚几十元，这可比在工厂上班好多了。

但冰激凌销售是有季节性的，到了天冷的时候就没有什么客人吃了。姬彦江发现天冷时人们比较喜欢吃板栗，

波客派与它的团队

于是就有了做炒板栗生意的想法。他就去一对来自湖北的小贩夫妻那里看,观察别人怎么炒板栗。观察过后,姬彦江认为炒板栗这个活儿不复杂,就是炒炒,勤翻就好了,于是他就从湖北夫妻那买回生板栗自己开始炒板栗。

姬彦江回到住处炒了几次都失败了,炒出来的板栗不是生硬就是不熟,要么就是炒焦没法吃。姬彦江心想这样不行,一定要再去学习才行,于是他又找到那对夫妻,这次他鼓起勇气坦诚地说:"我也想炒板栗,之前过来看二位炒板栗就是为了学习,你们能不能教我一下。"这对夫妻听了之后，并不想教姬彦江，说："炒板栗很辛苦的，并且天天还要被城管追赶，真的不容易，还是别学吧！"

姬彦江见这对夫妻不肯教，第二天一早又去找他们，并提出愿意出学费，但是这对夫妻还是不教。于是姬彦江就在路边帮助这夫妻俩吆喝生意，过路人买板栗时帮忙打包，一直帮忙了十多天。后来这对夫妻被姬彦江的热情与真诚打动，告诉姬彦江："炒板栗除了要有配沙石作为锅底，要做好板栗火候的把握，还有就是炒板栗时要加上麦芽糖，这样能起到润滑作用。"经过高人的指点，姬彦江这才知道原来炒个板栗也不容易，这也是技术活啊！

学会后的姬彦江找了一个离这对夫妻比较远的地方，这样就不会让对方以为自己在抢他们的生意。就这样姬彦江做起了炒板栗生意，好的时候一个月可赚1万多元，一年可以赚十几万元。有了积蓄后的姬彦江觉得做街头小贩也不是长久之计，因没有固定位置，时常会被城管赶。于是他决定开店，便开了一个小饭店，但是经营一年多，饭店的生意并不如意。

多次开饭店失败后的姬彦江分析总结，中餐馆不是不好吃，也不是不好卖，最大的难点就是不能标准化。麦当劳之所以能在全球开一万多家门店，肯德基开几千家门店，在于他们能标准化。如果不能标准化，生意将很难做大。于是姬彦江决定从汉堡入手，开了一家汉堡店。由于店小销量小，当时一些做汉堡的供应商不给配送货，于是姬彦江就亲自上门提货。姬彦江稳扎稳打，开一家店用了一年时间，后来第二年开了两家，第三年开了五家。

在姬彦江看来，就如孟子所说，"有恒产者有恒心，无恒产者无恒心"，想想自己当时创业时多么希望有人能带自己。同其他市场加盟店不同的是，姬彦江走的是直营路线，因为多数加盟模式都是将更多经营风险转嫁到加盟者身上。这样的模式大多数是圈钱，是走不远的。同麦当劳、肯德基不同的地方是，姬彦江他们的员工都是合伙制，不是打工的，而是有股份的。创业十多年来，别的同行关店开店，起起浮浮，姬彦江的门店一直是稳定增长。

坚持一个赛道，注重人才培养，"不求大只求稳"

除了"有恒产者有恒心"的信条外，姬彦江还注重教育培训。公司内部成立了"波客派商学院"，每天都分批派优秀的员工及技术骨干内训及外部培训。同时注重培养员工的学习精神，传输先进管理理念以提升团队综合素质，造就波客派职业经理人。

姬彦江将"心"作为服务宗旨，做到"真心、细心、贴心"。"真心"指波客派用的料材都来自国内一级知名企业供应商，例如面包选用嘉顿牌、鸡块选用嘉吉牌、鸡

第一章 当代企业家的时代使命

生活中的波客派广告

排选用凤祥牌。"细心"指波客派起草编写了针对整个公司各层面员工及管理层的培训纲要及素材，包括产品制作生产标准、服务标准、供应商标准。"贴心"指每一家门店除力求为顾客创造温馨、舒适的用餐体验外，门店的店长都是合伙人制。用真心对待每一位顾客，细心发现顾客的需求，细心倾听顾客的心声，从而提升顾客满意度。

2009年5月30日，波客派第一家餐厅诞生于深圳龙华清湖；2010年在龙岗、宝安、大亚湾、龙华相继开店8家；2012年品牌形象升级，全面进驻惠州开分店45家；

2014年品牌形象升级为2.0版本，公司持续发展门店59家；2017年将品牌升级为3.0版本，进驻广州、中山、东莞、佛山、珠海等地开分店160多家；2019年7月开设店数近300家。

景辰老师曾经问过姬彦江当初是什么原因使他进入汉堡餐饮行业。他是这样回答的：中餐业最大的难点就是很难标准化。当时这个品类，考虑到中国很多县城、镇上是没有麦当劳、肯德基店的，因为很多乡镇没有这个消费人群。后来，在开店过程中慢慢就开始走差异化路线，我们的店做到"小而精、小而美"，我们的店一般70平方米左右，采取简约时尚的装修风格。另外，麦当劳、肯德基的员工是没有股权的，波客派的员工是持股的，主要目的是培养创业者。波客派先扎根广东然后再铺向全国。这几年餐饮经营压力大，特别是互联网外卖对门店冲击很大，连锁化、品牌化、合伙人化是未来的发展之路。

从交流中，景辰老师了解到姬彦江当初创业的心情——"我是一个打工者，渴望有人带领"。他创业时很渴望能有一个人引领自己。到自己创业成功后，亲身体验到没有学历、技术、人脉等创业者的不容易。因此，他把波客派这个公司作为更多进城务工人员或辍学青年的创业平台，给更多的社会底层人员提供一个就业的机会及奋斗的路径。所以，波克派在早期发展的时候就放弃加盟或代

波客派门店现场

理的渠道发展模式,而是选择了直营店+员工股权的发展模式。这个合伙人模式显示了姬彦江同心同利、利益联盟、荣誉联盟的合伙人理念。从"为个人过好的生活"到"为草根人群谋幸福"也许是姬彦江使命的缘起。

企业现已有近 300 家门店,员工有 2000 多人,这个体量已不再是小微企业,而是一个中型企业了,企业已经到了品牌定位升级的时候。

姬彦江谈到现在业界一些餐饮实体门店经营困难的现状，很多的在不断关店，特别是受到互联网外卖冲击影响比较大。他也谈到了中餐最大的难点就是不能标准化，一些品牌受区域限制，不能出区域或出本省，包括"真功夫"这个连锁餐饮也受区域的限制，例如，真功夫在南方市场经营就比较好，但在北方城市门店优势就不太明显。安徽的"骨味坊""老乡鸡"等一些餐饮企业大多在本区域经营得好，但一出省就不太好。到北京开店，坚持不到一年就会关门。中餐除了遇到标准化的难题，还有就是中国各地区口味也是限制标准化可复制的一个难题。

目前除麦当劳、肯德基这些品牌做得大之外，国内很难找到更多知名品牌连锁餐饮店。目前餐饮也处在一个快速变化的时间节点上，受互联网的冲击，"美团""饿了么"等互联网外卖的崛起，很多"夫妻店"都面临危机。

就这个行业而言是一个千亿万亿元的市场，可口可乐、百事可乐在行业定位上用的是数一数二的战略。牛根生创立蒙牛时就说"伊利第一、蒙牛第二"，这是一句很有智慧的话，因为这就给人们建立了一个心智上的认知，人们大多数只会记住及选择第一和第二，很少会选择第三。

我们看到姬彦江在人才培养上下的功夫，波客派商学

第一章 当代企业家的时代使命

团队访问波客派管理层，左三姬彦江、左四杜丽、右三中原景辰

院有全面系统的培养课程。5～10年后企业会是什么样子？之前姬彦江提到平台现有50多万粉丝。按照他的设想，如果未来5年按1000家门店来计算，员工将会达到6000多人。如果按5000家来算，未来人数将达到3.5万人。这10年来姬彦江始终坚持一个赛道，做好一个"活儿"，这一点很难得。

奋斗者的故事（四）
从外来务工人员引路人到技能人才教育输出的"蓝领人才司令"

孙自连，中原人氏，在广东劳务行业是一个响当当的名字。大和人力资源有限公司是东莞制造业大军的"黄埔军校"，而孙自连就是无数蓝领工人的职业领航人。

孙自连

他从自己找工作到为别人找工作，再到每年为全国各地输出20多万名进城务工人员，再到拥有8万人的派遣工的劳务派遣公司董事长；从外来务工人员的引路人到蓝领技能人才教育培养输出的企业家，再到中日高端制造业蓝领军团的"领航员"，这位被称为进城务工人员"司令"的孙自连的人生有着怎样的传奇故事？

一场突如其来的大雨浇灭了"新房梦"

孙自连出生在河南省周口市淮阳区大连乡一个普通农民家庭，家里兄弟五人，孙自连排行老大。他从小就有强烈的改变命运的意念，上学读书成了孙自连"改变命运"的唯一信念。

1988年，孙自连在淮阳中学毕业后回到家乡当了一名普通的民办教师，业余时间写一些文章在报纸上投稿。1989年，他想翻新家里的旧房子，当时他的工资一个月43元，买不起盖房子用的砖头，他找来亲友来帮他"摔砖坯子"。就在忙了一个月，砖坯子快完成即将要盖新房子时，一场突如其来的大雨把5万块砖坯浇成了烂泥巴，也浇灭了孙自连的新房梦。

如何不再穷下去？如何改变命运？读书改变命运！他一有空就到县城的书店去找书读，时常在报摊一看就是半小时，有时会被报摊老板问："买不买啊？"就这样，他在书店读了很多名人励志书籍如《毛泽东自传》《拿破仑传记》等历史人物传记。

从找到工作到外来务工人员的"引路人"

孙自连在工作现场

1990年,在全国"下海"的浪潮影响下,孙自连内心那个怀揣已久的"事业梦"被点燃了。他辞去教师的工作,决定去南方"闯一闯"。说服家人后,孙自连简单地收拾了几件行李,只身来到广东东莞闯荡。在陌生的城市没有一个亲人,如何在这座城市生存下去,对孙自连来说是一个最紧要的问题。

那个时候到东莞找工作并没有想象中那么容易,很多厂都要女孩子,要么要求男女比例。例如,很多工厂要十个女生才能带一个男生进去,用工单位还要应聘者提供毕业证等各种证件,有的还要有人担保才能进厂。

孙自连找工作遇到很多挫折,为能有一次面试的机会,他会提前几个小时到工厂门口排队。就这样,直到后来在一家鞋厂应聘时,命运才有了转机。当得知被工厂录用时,孙自连内心非常激动,当时他写下这样就业的理由——为实现我的人生价值而努力奋斗。

入职后的孙自连非常珍惜这份来之不易的工作。为了尽快学习掌握产品制造工艺,他细心学习鞋子制作流程,如裁板、铲皮、接面等,每一道工序的工作都做得非常细心并保证品质。他还时常向老板提出一些策略与合理的建议,多次提议改善工艺流程与提升品质的方案被采纳后深得老板的器重。他的职务在企业里一路攀升,先后担任班长、组长、主管、车间主任等管理职务。

平常一些老乡找工作也会找孙自连帮忙介绍,孙自连对介绍工作不要任何回报,只有一个要求,就是"好好干",人品要过关。后来工厂扩大生产要招工,老板让他协助招工,他就把村里的剩余劳动力带出来。一开始,村里人还有些担心,当第一批外出务工入厂的人把工资寄回家后,村里的人打消了顾虑,慢慢地都相信跟着孙自连出来打工"靠谱"。

从外来务工人员的引路人到蓝领技能人才输出的教育型企业家

1994年,孙自连放弃东莞一家企业中层领导的岗位,开始创立自己的劳务公司,专门做起了劳务输出事业。短短的两三年就从家乡向外输出了二三十万劳动力。由于不断从家乡向外输出劳动力,带动了家乡剩余劳动力致富,并得到县领导的支持与认可,孙自连被任命为河南省淮阳县劳动局驻东莞劳务办事处主任。后来还开通了"168豪华大巴专线",专门成立运输劳动力人才的专线,后来业务扩展到云南、广西、四川、贵州等地区,每年为全国各地固定输出劳动力达20多万人。

在跟华南地区特别是珠三角的企业接触过程中,孙自连思考着一个问题——作为世界劳动力大国,大多数中国劳动者为什么做的都是技术含量低的工作。孙自连时常去各工厂生产线参观,看着流水线上的工人进行简单重复的工作,他意识到中国作为制造业大国走向制造业强国,蓝领技术人才是一个关键。技能人才培养的关键就是教育,教育不仅是关乎一个产业命运的大事,也是一个国家、一个民族长久发展的大事。

为了培养教育蓝领人才,为了今后能为企业输送更多技能人才,孙自连从2003年以来先后以资金项目设立、

付出总会得到回报

设备投资等不同方式投资 40 多家技术培训学校，累计为华南地区各企业培养输送技能人才 10 万多名。

孙自连人才的培养教育理念被很多高科技企业所接受，其中就被很多日本在华投资企业所认同，孙自连多次受邀去日本考察。在孙自连看来，中日同属汉字文化圈，日本地铁、吃饭就餐场所等大多用汉字标示。日本文化也源自中国，在文化交流方面有很多相同的地方，在企业文化方面也很容易达成共识。同样，日本很多优秀的企业家都非常崇尚中国古人的文化智慧。为了让技能人才尽快适应日本企业文化，孙自连多次邀请日语老师开设日语班，帮助技术人才不仅掌握了技术本领，而且掌握了一门外语。向日资企业输送的人才中有的从员工做起，做到了班长、生产课长、部长等高级企业管理人员，孙自连为在华外资企业培养了大量技术人才。

这是最好的时代，感恩一路支持

团队访问孙自连先生，左起：中原景辰、一木先生、孙自连、程霞女士

一路走来，经历过酸甜苦辣的孙自连更多的是感恩，感恩团队一直不抛弃、不放弃的依赖，感恩各级领导的鼓励与支持。孙自连认为："这是最好的时代，中国已经成

为世界第二大经济强国，未来中国一定会发展得更好。在这个最好的时代，制造业强国离不开对技能人才的需求，中国制造离不开更多的中国蓝领人才的匠人教育与培养。"

在未来，孙自连将会把更多的精力与资源投入到工业机器人、自动化生产设备管理、互联网自动化等技能人才的培养方面，将大和劳务派遣有限公司打造成为华南乃至全国最具竞争力的人力派遣、制造外包、教育投资、创新科技技术人才一体化教育培训平台企业。

第二章　连接生命热情——使命无限

很多人一生都在补自己的短板,而没有想到如何将自己的长处发挥到极致,更没有深度挖掘自己的优势、特质及生命的热情。

第一节　你的优势就是你的方向

有一只羚羊，身材很修长，天生就很会跳跃，所以它一直为"跳远第一名"的荣誉而感到无比自豪和光荣。后来，有一只老狗告诉羚羊："羚羊啊，其实你的天赋资质很好，体力也很棒，只得到一枚跳远金牌，实在很可惜。我觉得，只要你好好努力练习，还可以得到更多金牌！""真的啊？你觉得我真的可以啊？"羚羊似乎受宠若惊。"只要你好好跟我学，我可以教你跑百米、游泳、举重、跳高、推铅球、马拉松……你一定没问题的"，老狗说。于是羚羊跟老狗学百米、游泳、举重、跳高、推铅球、马拉松。早上练百米、中午学游泳、下午练举重、晚上练跳高……最后样样比赛都参加了，非但都没有获得名次，连之前跳远的名次也丢掉了。

现在有些人每天都想做很多项目，好像满世界都是金子。为什么很多人赚到钱后又守不住？因为欲生惑、杂生乱。一个人欲望多了，懂得多了，有时便会流于表面，不专一、不深入，没有做深做细。博而不专，杂而不精，必会制约人生发展的高度。人一生的时间和精力都是极其有限的，许多人花很大的精力一直找项目、定目标，自认为很努力的同时，发现身边的人而且是比自己优秀的人也同样拼搏，最后对比之下，才感觉自己心力不足。他们不知道成就非凡人生有一个秘密，这个秘密就是坚守，扎根自己的优势在行业里专注做深度。"生命时间方程式"告诉我们，必须将自己仅有的时间和精力、优势集中地投入到一件事情中去，只有一心一意地去做一件事情，才能最终把事情做好。

一个人或一个企业成功与失败跟专注度有关，与聚焦的程度有关；一个国家要想在国际舞台拥有一席之地，就必须有自己的核心竞争力；一个人也一样需要核心竞争力。俗语说：纵有良田万顷，不如一技在身。人生一技在身，不如"一志在心"，一心专注一个方向去发展。

一、你的优势就是你的方向

很多人看到比自己优秀的人，就拼命去模仿，点灯熬夜地努力学习，取人之长，补己之短，跟风去做事，别人说什么就信什么，但回过头来才发现"大海"里的知识永远也学不完。我们在人生的道路上都做错了哪些事？如果你身高1.9米，你就有机会成为篮球明星；如果你有一副好嗓子，你就有可能成为歌唱家。俗话说："龙生九子各不同，虎生三子必有一彪。"说的就是每个人具有与生俱来的特质，你的优势就是你努力的方向。

一个人的思维方式决定了他赚钱的方式；一个人赚钱

的方式决定了他的生活方式，而这一切都是由你的优势决定的。如何找到并发挥自己的优势？如何定位生命能量？

一是认清并找到自己——优势究竟是什么？你是否有聆听自己内心的声音？你是否知道自己想要什么？二是管理优势——你的优势在哪里？如何最大限度发挥长板的作用，就是你强大的开始。三是培养优势。没有优势不用怕，可以培养出来。首先要清晰什么是优势。能让人一辈子真正持续成功的机会也就那么一两次，而正是这一两次发挥了你的优势。

那我们分析一下，人都有哪几种优势？

二、培养自己的思维优势

人的优势一般有两种，一种是行为（身体）优势，一种是思维优势。行为优势比如说你动手能力强，擅长做手工，擅长修理物品或种花、制作工艺品、开车等，或者擅长某一项体育运动如长跑、短跑、游泳等。这种行为能力强的人有着某种先天遗传的成分。例如，世界短跑、速跑冠军大多是非洲人。世界百米纪录的创造者是牙买加的运动员博尔特，他15岁就赢得了田径锦标赛的冠军。他有着良好的短跑天赋，从小就特别擅长跑步。他韧带的柔韧性、肌肉的爆发力及反应的灵敏度从小就具备了。如果你不具备这些先天的条件，后天你怎么培养、怎么努力、怎么练都很难成为运动健将。再比如说，意大利的男高音歌唱家帕瓦罗蒂，他的嗓音就是天生的，如果你也想成为帕瓦罗蒂，也去练发音、练声带，想赶上或超越帕瓦罗蒂，可能用一生都很难做到。这与一个人的遗传基因有着极大的关系，所以，一般人是模仿不了的。那会有人说，我父母或我的家族没有这样好的身体遗传基因的优势，是不是就没有其他出路了呢？不是这样的，人作为万物之灵，每个人生而不凡，生命给每人都留有成就非凡生命的道路。

比如说董明珠、任正非这些人，他们没有身体上的优势，但是他们经营企业的思维比一般人要强。

后天优势培养——心性与意志。在中国民间曾有"两个半圣人"之说，一个是孔子，另外一个是王阳明，还有"半个圣人"，说的就是曾国藩。那曾国藩有什么过人之处或者有着与别人特别不同的聪明呢？还是有什么过目不忘的本领呢？

我们分享一个故事就知道曾国藩这个人算不算是聪明人了。

有一天，有个小偷准备去曾国藩屋子里偷东西，结果曾国藩一直在背书，而且一直背不下来。这个小偷在房梁上等了好久曾国藩都没有背下来，趴在梁上的小偷都背会了，曾国藩还没背下来。小偷一怒之下跳下来踢曾国藩的房门道："这么简单的书，我都背下来了，你还背不下来，白痴！"说完就走了。

他就是这样一个人，不是很聪明就算了，据史书记载，他身上还有一堆臭毛病：抽烟、贪吃、好色、脾气暴躁，常常与人发生争执。他爱看热闹，经常去菜市口看杀人砍头。曾国藩的父亲曾麟书，看曾国藩这么不争气，就愤然写信告诉曾国藩："今后务必节欲、节色、节饮食。"

可以看出，年轻时候曾国藩并没有什么过人之处，实在算不上可造之才。但是就是这样一个人为什么会成为"晚清中兴四大名臣"之首，后来还完成了内圣外王的事业？

这完全是来自后天的培养。曾国藩培养了一个坚持一生的行为习惯，那就是坚持写日记。曾国藩从31岁起，每天坚持写日记，从起床到睡觉都以圣人的标准要求自己。日记里记录自己的各种事情与反思自己的不足，有错就自我深刻剖析。曾国藩不只是记录下来给自己看，还邀请亲戚朋友为他点评，他把自己的缺点和改正缺点的过程完全暴露在众人面前，让大伙一起见证。曾国藩这种严格的自律让他戒了烟、戒了色，性格暴躁的缺点也一点点消失了。这种习惯直到他重病才中断过两个月，直到去世前一天，他依然在记笔记。

近代大文豪梁启超就曾经盛赞曾国藩的恒心与意志

力。一件事情做一天不难,三年、五年也不难,难的是什么呢?就是一辈子,是曾国藩这种恒心使他把自己的优势发挥到了最大。曾国藩的天资很一般,就是因为他发挥了自己韧性十足、永不放弃的这种性格优势,成为近代的一个名臣。如果你没有别人的遗传基因优秀,你可以发挥内在的优势,关键是要找到优势,发挥优势。

三、扫描自己的优势与特质

我们每个人都是独一无二的。这个世界上的每个人都渴望被别人关注,只是每个人的呈现方式都不一样,清楚对方的动机与特质,用他喜欢的方式呈现在他面前。

我们每一个人都有自己的特质,它的独特性就像人的DNA基因密码,就像这个世界上每一个人的瞳孔都是独一无二的,没有同样指纹的人,没有同样的一片树叶。

作为商业产品运营商,同样要找到自己的优势。例如:人们为什么喝茶?有人会说因为口渴而喝茶,也有人会说因为茶好喝而喝茶。而在当时娃哈哈、康师傅已经占据饮料市场主导地位时,王老吉将自己的功能优势发挥到极致,从单纯的解渴变成了预防上火——"怕上火,喝王老吉"。这一个"怕"字的定位能让人产生条件反射,"上火"就要喝王老吉。这一功能聚焦的要点在于简单粗暴,从而引爆了一个全新的市场空间。因此,找出自己的特性，将自己的优势发挥到极致，让你的产品品牌在日益激烈的市场竞争环境中占据一席之地。

在"占据"这两个字背后，是舍弃的艺术，舍得舍得，要先舍弃才能得到，有时具有很多功能不是好事，只要把一个功能点爆或发挥到极致就足够了。在未来商业竞争中，唯有聚焦、聚焦、再聚焦才是出路。

定位理论是极有价值的企业战略理论，要充分地认识到这一点，把自身优势及核心竞争力、心智价值聚焦等充分发挥出来。定位理论从外部视角护航企业的有效创新，使企业不断创造社会新价值，给企业带来效益与品牌价值的双丰收。

编者点评：

一个人不管人生有怎样的选择，都要坚持自己的热情与爱好，做自己喜欢的事，培养或专注于自己的长处；根据自己的特长、兴趣、爱好，在某一领域、某一专业，通过自己的努力和打拼，做对他人、对社会、对人类有贡献的事情，从而实现人生的辉煌。

第二节　连接生命内在的资源与热情

你所热爱的，有一天一定会加倍拥抱并热爱你。生命最佳的方程式就是把自己生命的热情、"利钱"、利他相结合，实现内在与外在的双丰收。

一、热情是生命力的呈现，热情是人无尽的力量之源

曾经有一个小男孩，他去野外旅游，走着走着不小心和自己的朋友走散了。他走入一片荒无人烟的森林，开始害怕了，很想快点走出去找回他的同伴。他一直走，感觉这个地方很大，一望无际，他心里越来越害怕，就开始跑起来了。他跑着跑着突然间感觉脚底好像碰到什么东西，他低头一看，原来是人的骨头，于是就跑得更快了。

后来他跑累了，突然发现自己走进了一个坟场。此时心里尽管很害怕，但他留意到墓碑上有个很奇怪的现象，就是那里每一块墓碑写着生命的时间都不一样，有的几个月，有的一两年，最大年龄的人只有5岁，大部分都是两三岁。他觉得很奇怪，这里到底发生了什么事？他走着走着，突然见到一位白胡子老爷爷，于是他就赶紧冲上去问："老爷爷，这里是不是曾经发生过什么灾难，为什么这里的墓碑上每个人活的年龄都很短？"

老爷爷就对小男孩说："你有所不知，这个地方的人有一个习俗，他们每个人身上都有一本笔记本，记载着他活着的时候开心的事，记着开心事的时间。到这个人死了以后，他的后人就会把记在本子上面的数字，雕刻在墓碑上，所以墓碑上写的数字是他们生前开心过的时间。"小男孩瞬间好像悟到什么问题，沉思着离开了那个地方。

当下我们是否在做自己不喜欢不热爱的事情或工作呢？要么学会爱上现在的事业与工作，要么就去找到自己生命的热情与意义。生命时间方程式就是——热情＋意义＋成就＋利他＝完美人生。

每一个人都应找到自己生命的热情，活出生命的热情，带着生命的热情，把美好的愿景贡献给这个世界。

其实我们每一个人都具有与生俱来的热情，只是有的人很早就找到了，有些人终其一生都未必能找到。生命的力量之源就是找到生命的热情，找到自己喜欢并热爱的东西或一项事业，并将这份事业与更大的世界进行连接，化为生命的使命。一个人爱自己所热爱的东西，有一天它会反过来拥抱热爱自己，所以我们要找到生命的热情，活出生命的意义。

人类作为万物之灵，生来是要做事的，很难想象一个人不做事或无事可做会是什么样，就如《士兵突击》中的许三多所说："一个人闲着会闲出问题的。"生而为人，

使命的力量 Ⅱ
——当下企业家的时代使命

当你成年后,人只要活着就要面对事业发展、金钱关系、情感关系、人际关系、心智成长、身体健康、孩子教育、情绪管理等各种问题。事业就是我们生命力在做事方面的显化。

每一个有梦想的人都要给自己的生命做一个定位。清晰定位生命的使命,好比唤醒了一棵大树的种子,这颗种子落入大地泥土里,在泥土下扎根发芽,慢慢长成手指细的小树、碗口粗的大树,再慢慢长成参天大树,可供人们乘凉。

二、无论是生活还是工作都需要热情

美国西雅图有一个叫派克街的地方,这里有个鱼档集市,世界500强的很多企业经营者来此学习经营之道,这是为什么呢?

原来,在这里鱼档工作的人员跟别的鱼档不一样。一般的鱼档是顾客挑了鱼拿到收款处称重,而这里是顾客挑好了鱼,抛到一位工作人员那里,这位工作人员又抛给称重的那个工作人员,而且一边抛一边热情洋溢地吆喝。一个人喊"一只螃蟹清一清哦",很多人喊"清一清哦",一个人喊"接着,一尾青鱼来了",很多人又喊"一尾青鱼来了"。好像这里不是在卖鱼,更像是在玩、在快乐地玩抛鱼游戏,所有人都满脸笑容,引得非常多的

第二章 连接生命热情——使命无限

路人驻足观看,并被现场的欢乐气氛所感染,脸上也洋溢着快乐。

鱼档的工作人员不仅在玩抛鱼游戏,还有夸张的动作,如学鱼游泳,还有俏皮的话语,如"各位乡亲,我也帮人解决各种疑难杂症,不一定要和鱼有关,有什么问题过来吧""嘿,瞧瞧谁来了""一位美丽的姑娘朝我们走过来了"。每一位顾客在付钱时都非常开心,满脸笑容,不仅买到鱼,还被现场的欢乐和工作人员的热情所感染。

从上面这个真实故事我们可以看到,无论是生活还是工作都需要热情。派克街鱼档的员工们不再把平凡、枯燥和单调的售卖工作当作苦差事,相反,他们把工作当作游戏,当作可以带来乐子的趣事。他们在轻松间让顾客不虚此行。即使是对那些仅仅路过或是观光的过客,他们也随时带给他们欢乐。

鱼档伙计能够给自己、同伴以及顾客创造快乐的体验,其根源就在于他们真正用心在工作。热情、细心、乐观和开朗,这些积极的特质都源于他们在工作中的全心投入。对派克街鱼档的大多数伙计来说,他们并没有多少机会能够去选择比在鱼档售卖更体面的工作,但他们选择了以积极的态度来应对工作。卖鱼是没有太多技能和专业门槛的简单职业,但像派克街鱼档的伙计们那样能够把简单工作做得出彩，那就是不简单。

假如团队里每个人的热情都被点燃，这个团队将充满活力、激情、快乐、幸福。假如我们改变对生活的态度，我们将会更加开心、平和、喜悦、幸福。选择积极的态度，点燃热情，无论是生活还是工作都需要热情，热情是一种状态，热情是一种强大的意愿力、意念力、渴望力。

热情可以让一个人毫无理由地自信，可以克服恐惧与困难。当一个人看透生死了，反而不怕死了。当生命发挥强大意愿力的时候，心中的目标放大了，心中的困难就会变小了。同时，热情可以让一个人能够保持足够的专注力，进入一个心无旁骛的状态。

编者点评：

有些人因为看见了才相信，而有些人则因为相信所以才看到了未来的前景。

生命的意义在于做你喜欢做的事情，了解你真正热爱的东西，热情可以让你获得更多的创造力和前进的能量。所有创造力的源泉都与驱动力有关，你想创造一个什么样的未来，首先要知道"知止"，知道自己的方向在哪里，并对下一步实际行动有清晰的认知。就像登山，你不需要知道你离山顶还有多远，只需要关注下一个立足处在哪里，把你的注意力集中在对你来说最重要的事情上，一步一个脚印朝你所想的正确的方向移动，就能达到你想要去的地方。

第三节　志不强者智不达

俗语说，没有人做不到的，只有人想不到的。可见人往往受限于自己的思维边界。一个人的心智思维取决于他看待问题的维度，所谓"志不强者智不达"。

当今是信息大爆炸的时代，产品的精准定位变得非常重要，可以说，没有强大的产品作为支撑，任何品牌或企业都不会走得长久。

对于企业产品来说，一句精准的表达显得特别重要，例如"怕上火，喝王老吉"，这一句话响遍了大江南北，使广东东莞长安一个小作坊成为产值几百亿元的凉茶之王。王老吉做对了什么？首先，定位了产品的特性——凉茶，可以去火，区分了和其他饮料的不同；其次，广告语定位精准，"怕上火"就是凉茶市场要解决的痛点。王老吉是凉茶，属于中药，但它又是饮料，主要功能是预防上火，多重属性使它很难进入内地市场（内地人"上火"有很多药物解决）。而在两广地区，人们又觉得它的药性弱了（因为它是饮料），所以同样销量不是很好，而公司根据产品的独特性创造出了"怕上火，喝王老吉"这句经典的广告语，既介绍了它的产品属性及功能，也成功创造出凉茶概念而抢占人们的第一心智。

抢占人们的第一心智非常重要，因为消费者只能接收有限的信息，超过几个就很难被记住。另外，消费者喜欢简单，讨厌复杂。现代人耐心有限，如果能够用一个字说清楚的，绝不用一句话；如果能用一句话说明白的，绝不用一段话。产品需要一个字或一句话精准表达。同时，消费者缺乏安全感，对品牌的印象不会轻易改变，就好比一个人经常去理发店理发，喜欢找熟悉的理发师，就是这个道理。成功的产品就在于将自己的产品定位直接区别于其他同类产品，遵循差异性原则，创造了辉煌的业绩。真正的品牌定位或者产品定位是通过产品的实际效用体现出来的。定位不是你对产品要做的事，而是你对预期客户及潜在客户要做的事，产品定位其实就是在占领客户的心智。

人类的心智有自我筛选的功能，每天做几万个判断，例如，早上该几点起床、吃什么、穿什么衣服、使用什么交通工具等。人的心智会自发地启动自我保护功能，会喜欢选择对自己有利的事物，会本能地排斥不符合认知的信息，也会对已有认知的新信息进行简化归类。例如，中国各种品牌已经有几百万个，可人们常用的就那么几千个，能记住的也就那十几个，人的心智有一个自动排序系统，人们会对脑子里的信息的重要性进行排序，大多数情况下只会考虑或优先处理跟自己利益最相关的。

在产品心智定位中，例如：

使命的力量 Ⅱ
——当下企业家的时代使命

蒙牛以"来自大草原的牛奶"抢占了"草原牛奶"品类的心智。

雀巢以"速溶咖啡"抢占了咖啡品类的心智。

麦当劳、肯德基的"汉堡快餐"抢占了"汉堡"品类的心智。

海飞丝以"去头屑"抢占了去头屑洗发水的心智。

云南白药以"止血"抢占了"止血牙膏"品类的心智。

高露洁以"防蛀牙"抢占了"防蛀牙牙膏"品类的心智。

乐百氏以"27层净化"抢占了纯净水品类的心智。

金龙鱼以"1∶1∶1"概念抢占了调和油品类的心智。

真功夫以"原盅蒸饭"抢占了"营养还是蒸的好"蒸品品类的心智。

喜之郎以"多点关心多点爱"抢占了"果冻"品类的心智。

奔驰以"尊贵"抢占了德国豪华汽车品类的心智。

沃尔沃以"安全"抢占了高档汽车安全品类的心智。

法拉利以"速度"抢占了"跑车"品类的心智。

红牛以"能量饮料"抢占了"功能饮料"的心智。

维维豆奶以"维维豆奶,欢乐开怀"抢占了"豆奶"品类的心智。

…………

通过以上各种品类可以看到，著名品牌一定出自品类，要使品牌成为品类的代表，要使自己的产品品牌成为整个品类的代言。

心智定位与区域资源

在中国大地上，一提起贵州就想到了茅台酒；一提起云南就想到了烟草、普洱茶；一提起山西就想到了陈醋；一提到广州就会想到有很多大服装批发市场。再如国家层面，在国外一提起中国就会想到中国的丝绸和瓷器；一提起德国就会想到奔驰、宝马、奥迪汽车；一提起日本就会想到电子产品；一提起意大利就会想到服装；一提起瑞士就会想到手表与军刀；一提起美国就会想到华尔街金融，等等。这些区域资源在消费者心智系统中已经占据了第一心智。在未来，心智定位将是全球顶尖的商业战略思想，谁能够正确理解和发挥"心智定位"，谁就会取得最后胜利。

在中国，人格魅力在企业成长影响因素中占有很大比例。中国企业家在创业时的确需要心志高远，才能抵得住诱惑，才能让内心纯洁。生命需要神圣感、需要仪式感，清晰企业家的使命就显得十分重要。

正如史蒂夫·乔布斯说："只有爱你所做的，你才能成就伟大的事情。如果你没有找到自己所爱的,继续找,别停下来。就像所有与你内心有关的事情,当你找到时你会知道的。"活出真正热情的人,才是真正成长了的人,将自己生命中的热情与使命、成就挂钩,实现生命的双丰收,你所热衷的东西有一天会反过来拥抱和热爱你。

编者点评:

在这个信息大爆炸的时代,人们出于本能的自我保护意识会自动过滤掉不是那么重要的信息或者跟自己没有关系的信息。同时,人们也会根据感受对企业产品及品牌进行自然排序,包括价值意义、功能作用、卖点与优势等。

第四节　成功学与失败学

有一只乌鸦出去旅行，途中遇到一群孔雀。它看到孔雀是如此美丽，乌鸦拿自己的羽毛对比，孔雀的羽毛又大又亮，色彩鲜艳，感觉自己又黑又丑，心想，如果能像孔雀一样美丽漂亮该多好啊！乌鸦开始整天整夜地想自己变成一只孔雀，怎么做呢？乌鸦开始像孔雀一样吃坚果，像孔雀一样跳舞。有一天，它有了一个主意，它把孔雀掉落的羽毛进行收集，收集足够的羽毛后，乌鸦就在自己身上插满了孔雀的羽毛，乌鸦的孔雀梦终于成功了。

该回家啦，于是乌鸦飞了回去。他把所有的乌鸦都请来了，大家都欢迎他归来。大家问他："乌鸦先生，你的假期怎么样？我们大家真的很想你！"乌鸦说："假期过得很愉快，但是现在我不再是一只丑陋的乌鸦了，我变成了一只美丽的孔雀，我应该和孔雀在一起！"于是乌鸦飞到孔雀群里。孔雀商量后同意让这只奇怪的"孔雀"留下，但是有一天，天开始下雨，乌鸦身上的孔雀羽毛掉了下来，孔雀们发现这只来客并不是孔雀。乌鸦说："我当然是一只孔雀，我跟你们一样，和你们一起住，我甚至有明亮的五颜六色的像你们一样的羽毛。"孔雀说："你乌黑的羽毛看起来很英俊，更重要的是你的羽毛可以让你飞得高高的,而我们只能飞得很低,我们希望能像你一样触摸天空,但是你离开了你美丽的大家庭来到这里,只是为了变成一只孔雀,这太遗憾了!"

乌鸦意识到了自己的愚蠢,发现自己在这个过程中否定了自己,失去了自己的家庭和朋友,不应该羡慕模仿别人的生活方式。

这个故事告诉我们,成功学卖的就是虚荣和欲望,失败学却告诉我们——智慧越高,欲望越小。

一、创业者多研究"失败学"

所谓"成功可以复制"的观点曾经误导了很多人。现在,越来越多的人将"成功不可复制"奉为经典。实际上,"成功不可复制"这句话也误导了很多人,尤其是给了正处于迷茫中的年轻人错误的指引,特别是一些没有处世经验的大学生和一些急于想创业成功的年轻人。

简单地来定义成功可以复制和不可复制都是不负责任的。很多人研究和学习成功者,都是去看他做过什么事情、用了什么方法。但成功者获得成功的关键不是他们做了什么事、用了什么方法,而是他们为什么要做这些事、为什么要用这些方法。我们要向成功者学习的,正是他们做这些事、用这些方法背后的智慧和精神。

任何问题,在没有找到真相之前,都不可能真正解决。同样，在没有找到成功者为什么成功的真相之前，任何向成功者的学习都是失败的。

一般地，著名企业家都是反对"成功学"的。他们认为，人应该反省失败的原因。阿里巴巴创始人说，"我最想写的就是阿里巴巴一千零一个失败的故事"，就是为了告诉年轻人要一步一个脚印，踏实走人生每一步。然而，很多人认为，很多时候，成功和失败都充满了偶然性。笔者团队在研究企业成功与失败的法律案件中，一直在探索企业家和企业成功与失败的真相。笔者发现，很多人成功和失败的经历看上去是偶然的，但其中却存在着很多的必然性。每个人的成功方式都不同，所用的方法也不同，但是所有的成功者都有一个共同的特点：他们都有强大的真诚的内心，不虚假、懂得反省。有些人成功了，后来失败了；有些人失败了，后来成功了；有些人一直很失败；有些人一直很成功。但真正经得起考验的是生命的那份"良知体验"。

心正且心力强大的人，他们更容易获得成功，即使是失败，最后也很容易东山再起；心力弱小的人，他们很难取得成功，即使成功，也很容易重归失败者的行列。

大道理其实大多数人都懂，但为什么现在社会还频繁出现这种奇怪的现象？现代人内心浮躁，是社会大环境造成的。创业者压力非常大，像在深圳、广州这样的城市，一般人手里有个十几万元或几十万元存款都没有安全感，更何况每个月忙着还信用卡的大多数"月光族"呢！

为什么成功学还这么有市场？就是现在这个社会"过客"现象或"机会主义者"很多。例如，现在结婚买房的压力不是一般的大，所以，全国特别是深圳"丁克族"特别多。

现在我们社会上很多人还是太浮躁，太过于急于求成，对待成功太心急了。所以是我们的心混浊了，导致自己的眼睛也混浊了。

二、智慧越高，越不贪婪

从前，有一个很穷的农民救了一条蛇，蛇为了报答他的救命之恩，就让这个农民提出要求，满足他的愿望。这个人一开始只求衣食，蛇都满足了他的愿望。后来慢慢地贪欲生起，要求做官，蛇也满足了他。直到做了宰相，他还要求做皇帝。蛇此时终于明白了，人的贪心是无底线的，于是一口就把这个人吞掉了。蛇吞掉的是宰相，而不是大象，留下了"人心不足蛇吞相"的典故。今天，人们渐渐地把"人心不足蛇吞相"写成"人心不足蛇吞象"来比喻人的贪心永远不会满足，就像蛇贪心很大，最终想吞食大象一样。其实真正贪心的是人的心，而非蛇。

《庄子·逍遥游》中说："鹪鹩巢于深林，不过一枝；

偃鼠饮河,不过满腹。"鸟在林子里安家,所占用的不过是无数棵树的一个树枝。偃鼠在河里喝水,最多不过喝到满腹为止。这就告诉我们做人不要贪婪,因为贪婪是许多祸事的根源。贪吃蜂蜜的苍蝇,会溺死在蜜浆里;有些人因为贪婪,想得到更多的东西,却把现在所拥有的也失掉了。有人说,贪婪是一种精神病态,就像先天残疾一样,它是一种后天的残疾;就像肢体残疾一样,它是一种精神的残疾。渴求那些自己并不真正需要的东西,难道不是病态吗?

贪婪是个无底洞,满足是个无尽藏。人应当戒除贪欲,放弃那些多余的东西、不需要的东西。因为那些东西对于你的幸福来说,就是"余食赘行"。《道德经》云:"余食赘行,物或恶之,故有道者不处。"贪婪不是帮你得到幸福的,反而是阻碍你得到幸福的。人生,应该舍弃贪婪之心,追求平静平和的内心状态。

第五节　人生最大的战略就是清楚自己的定位

有一位百亿身家老板讲了自己一个非常有哲理的故事。他爷爷在 90 岁生日的时候送给他一只手表，说："这是爷爷送给你的礼物。"并让他先去楼下手表店问一问这只表值多少钱。他回来之后不屑地告诉爷爷，"楼下那个师傅说了，这只表太老旧，只能卖 100 元当个纪念品"。他爷爷又说，"你再去另外一个地址楼下的咖啡店"，这次他回来开心地笑着说，"咖啡店老板愿意花 500 元钱买它当作装饰品"。他爷爷又说"你再去附近的古董店问一问"，他去了之后回来惊讶地说，"古董店竟然愿意花 12 万元钱买下这只手表"。爷爷又说，"不着急，你再去博物馆找一下馆长试试"。这次他回来非常激动地对爷爷说，"博物馆愿意以 180 万元的价格买下这只手表，而且只要咱们愿意，价格还可以再谈"。最后爷爷语重心长地对他说，"让你做这么多，我只是想告诉你，人和这个手表一样，只有在对的平台才会产生真正的价值，把自己放在错误的地方将一文不值，你的人生价值取决于你对自己位置的定位"。

欲生惑，惑生乱。一个人欲望多了，懂得多了，有时便会流于表面，不专一、不深入，博而不专，只会自己困扰自己。专注是做人做事的大原则，博而不专、杂而不精，必会制约人生发展的高度。人一生的时间和精力都是极其有限的，如果我们想去做成一件事情，就必须将自己仅有的时间和精力集中地投入到一件事情中去。只有一心一意地去做一件事情，才能最终把这件事情做好。

老子在《道德经》中说："合抱之木，生于毫末；九层之台，起于累土；千里之行，始于足下。为者败之，执者失之。是以圣人无为，故无败；无执，故无失。民之从事，常于几成而败之。慎终如始，则无败事。是以圣人欲不欲，不贵难得之货；学不学，复众人之所过。以辅万物之自然，而不敢为。"

许多人不能持之以恒，总是在事情快要成功的时候失败了。出现这种情况的原因是什么？老子认为，主要原因在于事情将成之时，人们不够谨慎，开始懈怠，没有保持事情初始时的那种热情；缺乏韧性，如果能够做到"慎终如始"，则无败事。从老子这里得到的启示是：大的事情总是由小的东西发展起来的，任何事情的出现，总有其自身生成、变化和发展的过程。人们应该了解这个过程，对于在这个过程中有可能发生祸患的环节给予特别注意，预防它的出现。

老子实际上是在告诉人们，应依照自然规律办事，树立必胜的信心，培养坚强的毅力，耐心地一点一滴去完成，不能有松懈，否则常会造成前功尽弃、功亏一篑的结局。

人生的机遇就如同自然界的花一样是都会开放的，有些花没有开放是因为该开放的季节还没有到。人也一样，每一个人都有成功的机会，只是那机会还没有到。花草要不断吸取阳光雨露，储蓄足够的能量，等待属于自己的季节来临。机遇向来青睐有准备的人，在等待机遇的过程中，不要忘记要持续不断地为自己充电，学习本身就是一个发现机遇的过程。而这一切的准备都是在为以后的机遇储蓄能量，当机遇来时，不要坐失良机。

所以，现在要储蓄足够的能量，学习更多的知识，积累更多的人生智慧，当属于你的季节来临时，你自然会绽放出绚丽的人生之花。抓住机遇是一种能力，你要想成功，就要储蓄你的震撼力。抓紧时间学习吧，人不知道学习，终会被社会所淘汰。人最宝贵的是青春，安于现状的人是最愚蠢的。能力是修来的，不能改变别人就改变自己，不断补充自己的知识是成功的秘诀。人，一旦进入专注状态，整个大脑就围绕一个兴奋点活动，一切干扰将统统排除，除了自己所醉心的事业，生死荣辱，一切皆忘。有些人很有"企图和欲望"，这也想要，那也想要，既想出名，也想得利，迷失了自己，到最后一件事都没有做好。

第二章 连接生命热情——使命无限

编者点评：

生命最大的痛苦就是看不到希望，生命最大的消耗就是看不到方向。钱的背后是事，事做好，钱自来！事的背后是人，人做好，事自成！人的背后是命，把生命的纬度修好，自有好命。命的背后是道，助人达己，向善就是正道。生命这个肉身是有"时效性"的，是用来承载我们的灵魂的，而灵魂是需要有使命感的。

奋斗者的故事（五）
谭木匠"只为做好一把好梳子"

说起"谭传华"这个名字并没有多少人知道他是谁，但要说起"谭木匠"就会知道，谭木匠是做梳子的。

谭传华于1957年出生在重庆市开县岳溪镇。18岁的时候因意外失掉右手臂，靠着左手写字、习画成为一名教师。社会的不尊重与初恋女友父母的反对，使得23岁的谭传华怀揣50元，外出闯荡后流浪了大半个中国。其实当时他想到风景秀丽的峨眉山找个地方自杀，结果大雪封山，他没有自杀成。

1984年，返乡的谭传华靠着开花店攒下了第一桶金，在1993年创立了谭木匠，打算用木匠手艺做梳子。村里没有一个人看好他，认为这个人这辈子算完了。妈妈给了他勇气："不怕，眼睛还在，一只手也可以做很多事情。"但是，命运总是在捉弄人，做出的梳子没有卖出去，还把多年的积蓄都亏掉了。这是因为谭传华做的梳子太普通。后来，经过调整后，第一批梳子在市场上卖到2元钱一把，这让谭传华看到了希望。

1997年，谭传华决定把梳子生意做得更大，他把传统的商场铺点模式改为了专卖店的模式，结果销量一路飙升。就这样把一把梳子做出了十几种专利、2000多个品种，满足了各种消费群体。同年，谭传华在报纸上刊登一则谭木匠工艺品有限公司招商广告，引发全国关注，打响了知名度，成为中国木梳第一品牌。2009年12月29日，谭传华实现谭木匠在香港港交所上市的梦想，成为目前全球唯一一家做梳子的上市公司。

我善治木，只为做一把好梳子

专注小而美，能让一把小小的梳子带来亿万财富。1993年，谭传华依靠30万元贷款，从手工作坊起家创建了谭木匠，如今谭木匠已成为木制品市场上的大品牌。2010年，谭木匠通过1000多家专卖店向国内外200多个大中城市提供服务，谭木匠公司的股票也于2009年12月正式登陆香港主板市场。

谭木匠每一把木梳都是经过多道手工工序精心打磨而成。谭木匠的产品用料考究，大多取材于上等的黄杨木、桃木、枣木，通过草染、生染等手工工艺精心打磨，再经蒸、烘、高温加压等特殊工艺处理而成。精心制作的谭木匠木梳梳齿圆滑、手感舒适，具有防静电、保健、顺发等基本功能。而且它将实用和艺术完美结合起来，加上精美的包装赋予了小木梳艺术魅力。谭传华严把品质关，他曾经烧毁10余万把质量不过关的梳子，一时被传为佳话。

谭木匠的成功在于专注于这把小梳子，以木为本质，在技术上将现代制造与传统手工艺技术相结合，在文化上将现代流行时尚与中国传统文化工艺相结合，在个性上将产品的艺术性、工艺性、观赏性、收藏与实用性结合，并从文化上对小木梳进行提炼，"我善治木""好木沉香"，抓住顾客潜在需求，创造出了一个巨大的市场"蓝海"。

上天让你失去了一种东西，必然会在其他地方让你收获另一个馈赠。失去手臂后的谭传华，用了近30年的时间成就了谭木匠这个大品牌，他卖的不是一把小梳子，而是中华传统文化。

编者点评：

中国是一个文化大国，不乏深厚的文化底蕴，然而缺少有文化内涵的品牌。挖掘博大精深的中华文化，吸收经典文化中的智慧营养，建立国内外人们都喜爱的文化品牌，这是中国文化强国重要的内涵。

第二章 连接生命热情——使命无限

奋斗者的故事（六）
精格"水哲学"：净水女匠人——刘林英

刘林英

刘林英出生在江西一个普通的农村家庭，1993年，在一股打工热潮中来到南方打工。刚开始在深圳一家中外合资企业做中方代表，那个时候，她每个月都负责向外方收取租赁费用，每个月都有好几万元的现金由她负责交接。她每月只有400元的工资，在那个卷钱跑路时常发生、普通人消失五六天都可能无人查觉的年代，刘林英每个月拿着几万元的现金交接，可谓"巨大诱惑"。她有想过，假如她拿着钱跑路，一定没人找得到她，当然，这只是假设，她不会做这样的事。

　　她时常想起母亲曾经的教诲。小时候物质是匮乏的，有一年过年，家里做了好吃的，母亲说要分一点给大伯家，亲人之间总要相互照应，于是叫刘林英给大伯送去。刘林英不乐意地说："大伯家在村头，我们家在村尾，那么远，为什么总是要送来送去那么麻烦。再说了，分了给大伯，我们都不够吃，大伯又不知道我们家有好吃的。"刘林英被母亲训斥道："做人要有良心，伯父家有好吃的都给我们送来，在我们有困难时帮了我们不少忙，我们怎么能忘本？就一点心意也舍不得吗？少食多滋味，多吃那么一点难道比良心重要吗？"母亲的话让刘林英感到羞愧，这也时常提醒她，做人做事，要本着良心去做。良知是用来安抚自己的灵魂的，不是做给别人看的。刘林英知道，不该是自己的千万不要拿，不是别人看不到就可以去做，良知和光明正大比任何的物质钱财都重要。

　　每个人，其实都想要过上更好更快乐的生活，选择一条光明正道，凭自己的实力去争取，一定会有更好的生活。更重要的是，对得起天地良心，灵魂得以安放，真正的快乐，从来都无愧于心。

第二章　连接生命热情——使命无限

"水"唤醒心灵的事业，用问善做人生选择

刘林英结婚后，先生在广州工作，她就选择了在离家近的台资企业做采购，一做就是五年。后来所在企业因业务发展搬迁到了开平，刘林英就离职了。凭着十几年的打工经历和积累的资源，刘林英产生了创业的想法，以实现自己人生的价值。

一次偶然的机会，刘林英跟朋友在广州天河看到有一家公司做直饮水设备，在那个桶装水还没普及的时代，她就觉得这个直饮水设备挺好的，当时就很兴奋地跟朋友说："干脆我们就搞一个直饮水公司好了。"

当时在学校里，有的小孩子会低下头去喝水龙头的水，或者是锅炉水，因为锅炉不常清理，所以孩子经常会出现拉肚子的情况，每年都会有这种事情发生，大部分学生都是自带水去学校。有一次在调研中看到孩子们背着沉沉的水瓶。刘林英内心也沉重起来，这些状况深深影响了刘林英的决定。对于产品质量，她相信，自己凭良心做的设备，一定最能为孩子们健康饮水保驾护航，所以决定专注做校园直饮水领域。就这样，广州市精格净水设备科技有限公司就创立了。

"弱水三千，只取一瓢"。刘林英决定用一生的精力去做好这份事业。首先专注校园，成为校园管道直饮水守

护者，让更多的孩子喝上纯净健康的水！

在很早以前，修行的僧人们就发现水里有很多微生物，代表着很多的生命，"佛观一钵水，八万四千虫"。为了防止病菌感染，僧人们在野外喝水时会用一块布盖在饮水器具上，用布来过滤水中的微生物。这或许是最早的水过滤器的思维。

据资料显示，曾经我国很多城市地表水受到污染，部分城市饮用水甚至出现了严重的污染。在G20大阪峰会上，各国达成一项重要协议："至2015年停止向海洋倾倒塑料垃圾。"数据显示，2015年每年至少有800万吨的塑料垃圾流入海洋，据2020年世界环卫组织统计，这个数字变成900万吨，其中46%的垃圾是百年难以分解的塑料垃圾。这些塑料垃圾对海洋生物及海洋环境造成难以恢复的伤害，因为这些塑料垃圾在海洋比在陆地上的危害更大，塑料微粒的污染物质会通过富集作用污染水源。另外，饮用不合格的水，会导致肾结石，威胁人类的健康，饮用污染水的人类是在慢性自杀。确保饮用高质量的净水机净化后的水，是提高生命健康最基础的要求。

人类能否逃脱被染污的命运？"绿水青山就是金山银山"，给我们的生态保护指明了方向。我们要回归初心，在向善与平静中创造"不染"的环境。人们饮用纯净的水、不染的水、放心的水，已是刘林英和每个精格人的事业理念。

持学修心，上善若水

精格人把"水哲学"融入产品里面。在刘林英看来，水的状态与人的状态是相似的。老子说："上善若水。水善利万物而不争，处众人之所恶，故几于道。居善地，心善渊，与善仁，言善信，政善治，事善能，动善时。夫唯不争，故无尤。"身居高位的人最好的行为是像自然界的水一样呵护大家。水善于滋润万物而不与万物相争，停留在众人都不喜欢的地方，所以最接近于道。最善的人，居处最善于选择地方，心胸保持沉静而深不可测，待人真诚、友爱和无私，说话恪守信用。

在"水哲学"中，做人如水，你高，我便退去，绝不淹没你的优点；你低，我便涌来，绝不暴露你的缺陷；你动，我便随行，绝不撇下你的孤单；你静，我便长守，绝不打扰你的安宁；你热，我便沸腾，绝不妨碍你的热情；你冷，我便凝固，绝不漠视你的寒冷。水中有朴素的真理，水中有做人的哲学，水的精神值得弘扬。做人要像水一样纯粹不争，却能包容万物，像水一样灵活，能适应任何环境，像水一样柔美，滋润他人。人活出水一样的柔美灵动，刚柔并济，一定会实现更高的人生价值和意义。

让"精格人"像水一样润泽人的心灵

就这样 13 年风雨兼程,一路走来,刘林英坚持精格品牌核心主张,以"一杯水承载一个民族的未来"为己任,以"为天下孩子请愿,让他们都能喝上安全健康水"的企业使命,坚持走"校园直饮水设备整体解决方案提供商"的战略方向。

如今的精格已经成为华南地区 500 多万大中小学生饮水设备方案提供商,在行业中技术领先,拥有多项自主知识产权,并拥有中科院专家人才技术力量支持的高新技术企业,还自建有国家级实验室,免费为客户提供水样检测分析。它根据客户需求和不同地方水质,定制生产各种类型的大型直饮水处理设备。

随着全国人民对高品质水的渴望,刘林英将继续带领她的团队,从学校走向企事业单位,走向全社会。管道直饮水已开始从校园市场走向居民小区,走向各大工业园。

广州市精格净水设备科技有限公司的创始人刘林英表示,愿意为这个伟大的时代贡献自己的微薄力量,为人民的身心健康出一分力量。

第二章 连接生命热情——使命无限

中原景辰、王泽润一行走访广州市精格净水设备科技有限公司

使命的力量Ⅱ
——当下企业家的时代使命

奋斗者的故事（七）
让中国智能人机交互和动作捕捉技术引领世界

许秋子，广东深圳人，母亲原是深圳市政府日语翻译，父亲是一名房地产工程师。也许是受家庭文化的熏陶，许秋子从小就在母亲的指导下学习日语，接受日本文化熏陶，熟悉日本娱乐文化产业。喜欢美术的她，从小就

许秋子

具有丰富的想象力与严谨的逻辑思维。从新西兰奥克兰大学视觉传达系毕业后，许秋子选择赴日本东京深造3D设计学业，这一去就与日本影视动画产业、3D动画制作产业和动作捕捉技术结下不解之缘。

完成3D设计学业之后，许秋子选择留在日本，就职于一家知名游戏公司，从基层设计师做起。她勤奋好学，为了项目设计美学上的尽善尽美常常通宵赶工。在日本工作的8年，许秋子从一个普通技术人员成长为具有丰富的技术积累和大项目经验的项目制作人和团队管理者，参与了多个高知名度项目如PS4平台《最终幻想》《生化危机》等系列正统续作的主机游戏内容开发。在VR开始风靡全球资本圈的2014—2015年，被公司任命带领团队完成前沿而挑战难度高的企业级VR专业解决方案，并参与多个日本前沿的VR主题乐园、VR游戏、VR仿真类项目。

创业艰难——猫在地下室创业

2015年，许秋子决定回国创业，创办瑞立视公司。深刻认识到动作捕捉技术是虚拟互动技术领域的核心关键技术的她，立志要做光学动作捕捉技术界的"华为"。在复杂虚拟数字交互的专业解决方案里面，要实现人与人的互动、真人动作的智能感知和识别，空间坐标和位置数据的输入输出，都离不开核心的动作捕捉技术。而这是一项她作为用户方多次使用和接触的技术。在国外，她一直使用欧洲、美国制造的高端动作捕捉设备，而这种设备价格昂贵、使用成本颇高，用户操作流程也复杂，是一项门槛较高的高精尖技术。

许秋子刚回国，要招兵买马组建团队，因为当时VR技术刚刚开始盛行，很多人都不知道VR是一个什么样的概念，也不清楚这家公司是干什么的。一位已经在公司做了快5年的员工回忆当时来应聘的情景——"当时来应聘，看着这个年轻的小姑娘，看着她充满激情地讲述VR的各种概念及未来的发展空间，对这家公司想要干的是什么事情都没听明白，总之就被她当时的热情感染到了，抱着试试看的想法，加入了公司"。因为在当时中国国内，大空间VR或者说多人互动VR的解决方案，很少有人听说过，很多人也无法明白她想实现的是什么。每次面试之前，许秋子都会发美国同类竞赛产品案例的视频给面试候选人，费尽口舌解释这是一种什么样的技术。就是这样持续热情地坚持，慢慢地一群有着相同梦想的年轻人就这样聚集了起来。

2015年初期创业时，为了节约开支，许秋子带领着初入公司的技术人员在深圳南山区找了一个住宅物业作为研发办公地。原因是这个物业有好几层宽敞的地下室空间，正好可以拿来安装动作捕捉系统的相机和完成各种VR设备调试。从此，一群技术人员开始一边猫在地下室调试设备，一边埋头开发专研动作捕捉技术。许秋子偶尔还和小伙伴们一起通宵，开发了当时也许是国内第一个的大空间VR游戏。

当年的VR技术很不成熟，为了实现大空间内所有体验者在戴上VR头盔之后能实现自由动作、自由行走，体验者必须身上背着一台笨重的桌面级主机电脑来渲染VR图像。瑞立视的技术员们尝试用最古老的方法，找遍市面上最迷你的小型主机电脑并将其和沉重的高端GPU显卡绑在一起，背着几公斤重的电脑组合机在身上尝试开发大空间自由行走的多人VR方案。刚开始尝试把动捕这个技术跟游戏VR引擎进行结合时，出现各种接口不对称和程序BUG，团队遇到了很多难以想象的初级致命问题。正当所有VR程序员对着动捕系统焦头烂额的时候，有一个人跳出来对许秋子说："老板，你别着急，一切有问题的我都来替你解决，你别担心。"这让她非常激动，感受到创业维艰，同时又为身边有一群"不抛弃、不放弃"的执着的小伙伴感到骄傲。这一切给了她很大的勇气和信心，她要做好这份事业，因为这是伙伴们对她这位首席执行官的信任。他们相信他们的首席执行官看到的那个未来，那一刻感动化为无限的动力，无限的责任，无限的使命。许秋子当时就在想："我需要的就是这样的团队，这样的员工。"

创业初期地下室工作照

使命无限，责任无限

后来，团队慢慢壮大，也经历了很多。产业定位、商业模式每年也在改变。慢慢地变成了许秋子在替员工解决问题或分配资源。公司的基础已经慢慢奠基下来。随着一个个行业的标杆开拓案例被拿下，一个个重点项目开始按部就班地执行落地，在忙完一天的会议和应酬后，夜深人静，许秋子开始思考团队缺少一股什么力量，我们做这项

第二章 连接生命热情——使命无限

事的最终意义又是什么？难道纯粹是为了挣更多的钱吗？

许秋子开始思考当初自己为什么回国，为什么要做这件事情，她很清楚自己做这项事业的意义，但可能团队里面并不是所有人都能理解。她突然意识到一个团队要在同一个思想频率，就是要清晰团队事业共同的使命与愿景。她要将这份使命传递给更多的小伙伴，把瑞立视的使命与愿景"为全球尖端人机交互市场贡献具有国际竞争力的中国方案"及"打造光学动作捕捉技术和沉浸式数字孪生解决方案的世界级品牌"传递给更多的人。在许秋子的感染下，团队打造出能替代欧美同类型品牌垄断市场多年现状的核心产品和提供了真正的国产技术科技自立的解决方案，这一切离不开瑞立视的技术骨干和企业运营的力量。

经过几年的企业根基打造和研发体系筹建，目前瑞立视公司已拥有技术力量雄厚的研发团队 70 多人，全公司超 100 人。其中海外知名大学电脑图形图像处理/光学研究/计算机与数学专业毕业的博士及硕士有 10 多人，组成瑞立视核心算法部门团队。VR 内容开发团队拥有丰富的 VR 虚幻引擎和复杂多人交互的企业级技术解决方案经验；商务团队有丰富的 to B 端在文创、军工和教育仿真培训三大领域的客户专业级服务能力和经验。许秋子表示：瑞立视是一家以技术创新为驱动力的科技企业。我们只有真正领先的技术才能构筑高壁垒、高增长的公司，并且让公司拥有可持续增长的国际竞争力，而瑞立视在技术上的投入也是巨大的。

自成立之初，瑞立视团队便着手独立研发基于自主知识产权的光学空间定位及动作捕捉系统，即后来轰动业界的"RTS系统"（已申报数十项国际专利）。RTS系列产品在相机镜头、驱动程序、产品外观及结构设计等方面均为瑞立视团队独立研发，并于2017年3月进入量产化阶段。业界评估，RTS的诞生使得装配有"光学动捕系统"的企业所需的VR多人互动解决方案里的整体硬件成本相较于使用欧美产品降低了50%以上。而在此前，全球的光学动捕市场几乎被欧美的几个品牌所垄断，在不得不接受垄断品牌极其高昂的费用的情况下，只有少数资金雄厚的机构才有机会使用上光学动捕系统，如大型游戏开发商、电影大片拍摄团队等。

彼时，瑞立视RTS系统的横空出世打破了欧美国家在"光学动捕"这一高端技术领域的垄断，从而树立起国内同行光学动捕技术国产化的信心。而瑞立视走到这一步，不仅集合了团队数十位技术人员数百个日夜拼搏的心血和智慧，也投入了高达几千万元的研发成本。作为瑞立视的创始人和掌舵人，在RTS成功诞生之前，许秋子每天都需要消化整个开发项目的风险压力和最终可能带来的

第二章 连接生命热情——使命无限

瑞立视"9号房"

失败。面对这个国人尚未涉足的技术领域,她勇往直前的决心令人动容。而许秋子却认为,这一切都基于冥冥之中的注定:海外丰富的国际阅历、掌握多国语言和全球最前沿的技术、深圳开放的创业环境、资本的助力和肥沃的技术人才市场。她一直坚守自己的使命:她希望中国也能拥有这样的技术,创造出这样的产品服务。所以,哪怕一切需从头再来,她仍然会选择这条充满艰辛和未知挑战之路。

尽管时过境迁,但今天似乎依然可以感受到:当许秋子决定放弃在日本"顺风顺水"的事业那一刻,心中喷涌而出的"为中国虚拟现实VR交互技术的未来",让中国的动作捕捉技术引领世界、做动作捕捉技术界的"华为"、为国家做贡献的强烈信念便已生根发芽、势不可挡。这就是他们团队奋斗的力量,使命无限,责任无限。

无惧挑战、深扎根瑞立视,打破"光学动捕技术"国际垄断

2020年新冠肺炎疫情肆虐,虽然社会面临诸多不确定,但许秋子果断决定在做好防疫抗疫的同时,通过线上线下渠道深入了解客户存在的困难与问题。在她看来,"问题就是答案,痛点就是反转点"。在了解客户痛点需求之后,瑞立视持续在客户所在的各个行业为客户提供一线的解决方案服务,让客户体会到"沉浸式交互数字技术",特别是在疫情期间,人们无法相见、无法远行,该技术起到了关键的互动和体验价值与作用。

在RTS系统开发过程中,瑞立视反复尝试通过大空间实时定位及人体动作捕捉系统,结合VR头显等虚拟现实套件,实现多人在同一个VR内容中不仅可以自由行走,还能实时进行互动的功能。这个看似十分复杂的应用技术正是瑞立视旗下大名鼎鼎的"大空间VR多人交互系统"。它的成功,奠定了瑞立视在中国VR技术及"沉浸式"产业的行业解决方案地位。

所谓"大空间VR多人交互系统",是以瑞立视光学空间定位动作捕捉系统为核心,辅以定制化的沉浸场景式体验内容，实现大范围空间内多人同场景自由行走、动作交互的 VR 团体式人机交互系统，可应用于展厅展馆、文旅沉浸式体验、高校 VR 实训室、社会教育培训、军事仿真训练、智能交互展示等场所和领域。

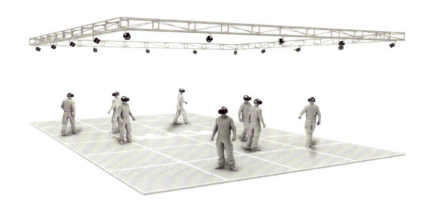

瑞立视大空间 VR 多人交互系统

经过几年的沉淀，瑞立视已经拥有国际领先的 VR/沉浸式数字内容的解决方案团队，再加上拥有完全自主知识产权的 RTS 系统，因而具备了应用开发上得天独厚的技术熟练度和成本优势。来自全国各地的不同行业和机构，当他们根据自身需求来寻找基于该系统的技术供应商时，往往在"VR 内容定制开发""空间定位及多人互动系统"这两个核心技术的考量上顾此失彼，被迫要分而求之。而瑞立视不仅能做到技术上软硬件一体化的兼容并包,且在这两方面都达到了国内甚至国际领先的水准和成熟度。这样凤毛麟角的存在使得瑞立视颇有"一出道即巅峰"的态势,并且公司在 2018—2019 年两年间几乎横扫了国内外重要的"虚拟现实""沉浸式"等产业会展及技术大赛,获得了国际范围的市场关注和行业声望。

与华为展开深入合作,瑞立视打造具有国际竞争力的民族技术品牌

早在 2017 年 10 月,在第四届全球超宽带高峰论坛(UBBF 2017)期间,华为正式发布 VR OpenLab 产业合作计划,致力于推动 Cloud VR 产业的繁荣发展,促进技术创新,孵化商业场景,构建完整的 Cloud VR 产业生态。瑞立视凭借技术实力成为 VR OpenLab 重要成员,并与华为开展了数十次的科研实验及展示项目合作。通过华为定制、瑞立视开发的以"5G 零延时"为主题的大空间应用"VR 足球"席卷了包括西班牙、英国、俄罗斯、马来西亚等国际舞台,让全球各地的人们感受到来自中国的科技魅力。

在 2019 年 10 月和 2020 年 10 月,第二届和第三届世界 VR 产业大会上都分别发布了 2019 年和 2020 年的中国 VR 50 强企业名单。瑞立视连续上榜前列,与一众"国字头""世界 500 强"并肩亮相。2019 年 10 月 26 日,在中

"百米飞人"博尔特体验 VR 互动足球

国首届沉浸式产业发展论坛上,瑞立视荣膺"中国沉浸产业最具商业价值企业 30 强"。不仅如此,瑞立视还与其他 11 家龙头企业共同发起成立了"中国沉浸产业联盟"。

目前,瑞立视的产品和方案已广泛应用于教育、文旅、军工、展览展示、影视拍摄等领域。

在高校 VR 实训室方面,瑞立视为清华大学自动化科研实验室提供整套针对机器人的 RTS 光学空间定位系统,用于研究无人车等机器设备的运动定位及轨迹分析。通过该系统采样高精度低延迟的光学定位数据,将有助于深入探究无人车的编队控制技术及应用分析、无人车障碍感知及定位控制等热门研究课题。

实训基地场景

在企业培训方面，瑞立视与华为合作，为华为松山湖5G硬装实践基地开发"多人协同的VR–硬装培训系统"，将5G基站的安装全流程工作在VR环境下进行培训，具有AI机器人协同操作、任务考核模式等功能。通过此VR培训系统，可有效为学员提供预实训的准备工作，降低了户外实训的安全风险。同时，在户外实训无法开展时，可全天候开展预实训操作。

在XR生态实训基地打造方面，瑞立视携手安高科成功在安宁安高科国际双创基地打造 XR 综合实训基地平台。XR 综合实训基地平台成功融合了四大核心系统和配套应用。同时，瑞立视还为实训基地提供了一整套 XR 数字内容生产链、教学内容、师资培训认证、人才培养方案和人才就业咨询。

实训基地实拍场景

在文旅方面，瑞立视为宁波文旅集团倾力打造了情景展示——《梦在武岭》。《梦在武岭》以目前全国首创"沉浸式演艺+黑暗骑乘"的形式溯源抗日英雄的一生；利用瑞立视独特的沉浸式多媒体舞美艺术表现漂泊游子的千丝万缕乡愁，凸显思乡游子对故乡深沉的眷恋，表达祖国必将统一的美好愿景,让游客亲身体验战场的凶险,带来刺激冒险的全方位感知体验。

实训基地实拍场景

中原景辰先生、徐宛惠女士一行参观瑞立视公司

奋斗者的故事（八）
一幅画与"不染楼"的故事

今天笔者分享"一幅画与三代人"的故事，这是一幅什么画？这幅画画的是什么内容？讲的是什么故事？

这幅画已经有102年历史了。这幅画是由香港著名商人以6000万港币拍

刘子聪

卖并收藏下来。这幅画的出处与寓意更是具有传奇色彩。这幅画由画界大师陈师曾于1918年送给李叔同（弘一法师）的。画里有四句偈语："一花一叶，孤芳致洁。昏波不染，成就慧业。"从字面上理解，这四句话的意思是：一朵花，一片叶，都能够孤傲地开放，极其洁净。其含义是："我（李叔同）就像一朵花或者一片树叶一样，独自保持自己孤傲的性格和极其纯洁的本性。"

后来这幅画流转到了庄学喜先生手中。庄先生感觉这幅画画意非凡，很有禅意，仿佛要找到一种人生的意义。

2018年是这幅画问世的一百周年。当时刘子聪作为庄先生的朋友，受庄先生委托将这幅价值6000万港币的画制作100幅复制品。这100幅虽然是复制品，但制作工艺要求非常高，画质不但要求是刺绣工艺，而且画里还植入了防伪芯片。为做好这幅画，刘子聪费了很多心思，最终做出的产品得到了庄先生的认可。

后来庄先生跟刘子聪讲了弘一法师的这幅画，庄先生认为做事业就要做"不染"的事业，即要做不污染的事业，对子孙后代有利的事业。刘子聪听后很感动，感觉这画有非凡的意境，感

受到这正是一种新的环保商业理念，非常难得，也认为"不染"是一种伟大的商业精神。

后来庄先生与刘子聪一起去拜访中国佛教协会副会长、江苏省佛教协会会长、镇江金山寺方丈心澄法师，并请心澄法师对这幅画开解画意并题字注解。心澄法师仔细观赏此画，当读到"一花一叶，孤芳致洁。昏波不染，成就慧业"16个字时，评价此幅画意境非常高。他说他不能对此画题字，因为这16个字写得非常小，并且这16个字是一代高僧弘一法师写的，可见弘一法师对这幅画意境的尊敬与意诚之心。

什么是慧业？慧业是能造福后代、让善业可持续传承下去的事业，具有纯粹之心的人才能做成利社会、利世人的事业，才能称为慧业。真正的事业是有智慧的，做有污染、有害的食品及产品都不能称为慧业，而是恶业。如果企业做出的产品都带有环保与"不染"的心境，那么这个世界将会更美好。企业家们要用行动来实践做"不染"的环保产品。

"不染"开创新商业理念

我们在制造产品的过程中，明知食品有害还要加工，明知有些包装污染环境还要继续使用，造成河流及生活环境的污染，最后威胁到自己的生存环境。为了子孙后代的生存与发展，政府采取了严格的环保制度，很多违规企业都关门或整改。

刘先生认为，未来"不染"系列的产品，不会是对环境有害的产品。一是"不染"，二是实用，三是打造"不染楼"平台，再往后延伸产品，将来可能会开不染酒店等，也可以延伸到服务产业或者跨界合作。

企业发展到一定程度，不能只卖一种"画"，而应该传递一种生活方式，提供一种商业理念。"不染楼"通过各种途径传播不染的商业理念：未来"不染楼"同优秀的人才团队合作，他们之间的合作，大的框架有一个主导，分阶段来做；要学会定位产品卖给谁，每一种产品都有一个定位。

一个品牌一个定位，一种产品一个定位，"不染"的定位是什么？要围绕以下几个问题。

首先应明白什么是使命，使命是什么？一是"不染"的差异化，二是"不染"的升级化，三是"不染"的本质化，从使命出发，进行精准定位，战略的层次按照战略推进定位，进行实质性定位。

从使命出发，围绕着"不染"本质化定位。

庄氏集团有84年的经营历史。家族企业持续经营做得很好，在凝聚人心这一块做得非常成功。"不染楼"这个名字，就已经与"有染"区别开了。

第二章 连接生命热情——使命无限

水是一个大众熟知的事物,传递的是绿色的理念,连接到现在的反腐与环保环境,可以看到国家做的都是"不染",在公众场合用"不染"的产品,连接人心"不染"。在此理念下,成立了不染有限公司,专做有关于水的产品,水源是五大连池的,品质非常好。

刘先生说,关于我们的"不染"本身的品牌与商业价值,最重要的是让别人知道我们的"不染"是什么。"不染"代表着商业精神价值,从整体战略层次上来说,要很清晰地传递。我们卖的就是"不染",把不染变成普世价值,传递人心的不染、产品的不染,是我们的终极追求。让消费者自动传递"不染"的商业理念。

让"不染"形成人类的新价值观,人与自然的融合,不仅是中国,而且可以传递到世界。很多企业牺牲环境,这种行为是不长久的。但是,有的企业家还是很有高度的,要启发他们做"不染"产品的思想和企业理念。"不染"这种使命,正好是不染有限公司可以做到的。

笔者也看了这幅画,从商业理念来感觉就像花开了一样。开创了一个产业,感觉到一种纯粹的力量,人心要很纯正才能成就一项事业。就如刚才谈到的这支"不染"水,如果明年在地球日时推出这款水,那效果应该更佳。因为这个环境理念的产品非常好,可让大众在用纸包装、生活艺术产品中感觉"不染"的产品理念,建立起人的产品环保的认知,同时,作为企业也可以从产品上赚到钱,就可以反哺到可以持续循环的商业理念中。"不染楼"眼前要做的就是把品牌故事推出来,推出"不染"的文化及环保的理念。

团队访问刘子聪先生,左起:中原景辰、张羽芊、梁语涵、刘子聪、黄芷言

第三章　找到差异化，世界总会有你的一席之地

第一节　独角兽拥有"一招"就够了

2020年新冠肺炎疫情发生，很多厂商转产做口罩生意，但随着国内疫情得到有效控制，加上口罩生产厂商太多，造成口罩生产企业销售压力增加。

如果有一种口罩，让你感觉戴的不是口罩，而是仿佛戴上了一片水果，会不会让你有一种神清气爽、精神百倍的感觉呢？国内有一家服装公司研发出水果味的口罩，有苹果味、菠萝味、草莓味，取得了日销百万件的好成绩。这是一个创新和差异化经营的典型的成功案例。首先，因为疫情的原因，口罩绝对是刚需产品，销量肯定不会差，但是你会做的、你能做到的，别的厂家也能做到。不管你的工艺有多好，用料有多好，都一定要有自己的差异化产品，而这个企业则从味道这个差异化角度入手，切入市场，心思是非常独到的，只要想到水果味的口罩，一定会

想到这个厂家。

在营销中,这是典型的产品差异化 IP 定位。真正理解了差异化,就会发现其实这个世界没有所谓的竞争,只是没有找到差异化。差异化定位是很重要的,只要好好服务于认可自己的这一部分客户群体,就够赚了。在中国这个市场,任何行业只要做到这个市场的 1% 就是天大的市场。而且这家公司申请了 20 多项专利,快速构建了这个细分领域的竞争壁垒,让很多潜在竞争对手进入的门槛大大提高。

著名管理大师迈克尔·波特认为,一个企业无论是实行成本领先战略,还是品牌战略,都必须先聚焦在产品的差异化上,有了细分的差异化定位,才能为更好的产品质量作保证。

国家在引导中小企业实施产品差异化战略上实现差异化精准定位,改变产业集群网络内部低水平激烈内耗式竞争的不良现象。同时,为降低现有双边贸易中存在的不平衡与不确定性风险,中国在产业上应积极实施产品差异化战略。通过制度与技术两个层面的创新,实现出口产品的多样化与差异化,建立起自身的竞争优势。

这个世界上没有竞争,只是没有找出差异化,找出差异化,以精准的判断,无限可能地放大精准,一以贯之,才能实现商品或商业的"绝利一源"。这个世界是多样化的世界，比如今天的汽车有运动型、商务型、家用型等不同类别；品牌也各具象征：奔驰代表尊贵车、宾利代表顶级运动型豪华轿车、奥迪代表科技型轿车、路虎代表豪华越野车、林肯代表总统级别轿车、玛莎拉蒂代表豪华舒适轿车、沃尔沃代表安全车、凯迪拉克代表高贵奢华轿车等。

很多人搞差异化，却不理解为什么要这么做。差异化不是一定要标新立异，非要找一个不同。很多人在生产产品时搞差异化，在别人的基础上把圆形改为三角形，这种差异化毫无意义，甚至更糟糕。搞差异化本身是手段，不是目的，目的是把事情做得更好，目的是抢占人的第一心智。就好比我们每个人看起来都相差不大，但是每个人内在思想与思维方式不一样，最终每个人相差甚远。

差异化的核心在于聚焦，要聚焦出核心的价值卖点。差异化定位是对公司策划设计出来的产品给予精准的价值、功能、卖点的综合体现，目的是使它在目标消费者的心智中占据一个独特的有价值的位置。

例如，前几年有人去日本买马桶盖的报道，有人骂是"崇洋媚外"，但是你去仔细探究一下，这个马桶盖在设计、技术、抗菌等方面确实不错。

在中国新经济快速转型的今天，中小企业面临两种选择，要么在同行同质化竞争中互相血拼价格战，要么学习优秀企业，奋力长出品牌的翅膀。但这一切都需要企业找到清晰的定位，特别是企业的使命定位，另外就是企业要在消费者心中找到差异化价值定位。未来，将是以主流用户价值需求为中心的创新时代，是以争夺用户心智为中心的品牌时代。缺乏创新和品牌的企业将被淘汰。企业即使花费很多时间精力和无数金钱，让品牌的广告挤满大街小巷，也终究只是昙花一现。占据人心，不仅仅需要战略、战术，更需要思维度。对于自己的产品，"一句话精准定位"对于企业生存发展的意义将凸显。

未来商业的任何创新，都不是拍脑袋想出来的，要建立在用户需求基础之上。

定位不光要了解市场，更要清晰用户的价值需求，我们可以将差异化定位理论分为三个维度：产品、渠道和心智。占领用户的心智，重点是以去"中间商"为核心突出价值卖点。

2020年新冠肺炎疫情防控期间，可谓全民直播年。有的网红可以直接带货几千万元甚至上亿元，可真正赚钱的又有多少？没有清晰的定位，只靠所谓的青春饭是长久不了的，唯有以提供价值内容为核心，专注聚焦形成超强的个人品牌IP。真正的品牌魅力，能够在用户心智中实现预售，在顾客还没有看到产品的时候就已经确定要选择谁了。卖什么已经不重要了，重要的是谁卖。在中国这个

14亿人口的经济大国,一个人只要专注一个领域,在任何一个细分市场拥有 1%~5% 的份额,就足以成长为一家几百亿规模的企业。

第二节　让你的产品会说话

有一个很厉害的推销员，这位推销员给牙医推销过一支牙刷，给面包师推销过一个面包，给盲人推销过一台电视机。有一次一位朋友对他说，如果你能把我朋友的啤酒卖出去才算是一个优秀的推销员。于是推销员就来到这位朋友的啤酒工厂，就问："你的啤酒有什么卖点。"这位朋友说："我的啤酒最大的问题就是没有卖点，跟别的啤酒都差不多。"这位推销员说："那你就跟我说说你的啤酒产品生产过程。"这位朋友说："这个啤酒生产流程在灌装之前要用高温的纯氧吹瓶子，吹完以后再敷上盖子，这样的话这个瓶子的啤酒就不会变质，口感清醇。"于是这位推销员就写了一句广告语——"每一瓶舒立兹啤酒在灌装之前都要经过高温纯氧的吹制，才能保证口感的清冽"，底下又画了一个啤酒生产工艺吹制图。

这位朋友不敢相信地说："这个在我们啤酒生产行业里是再普通不过的工艺，没有什么卖点啊！肯定不行。"这位推销员说："可以的，我们可以签合同。"于是这位朋友决定用这个广告语，后来就创造出了一个德国著名啤酒品牌。

产品要找到卖点，点爆一个点就够了。

这个世界是一种二元对立的关系，商业的本质是一种供需关系，产品是连接供需关系、价值交换的商品。而打造出一款具有高价值的商业产品，就需要给产品一定的精准定位。从某个角度来说，打造产品的能力是一种基本能力，是创业者或企业家生存之本。每个人都需要拥有自己的产品，作为一家企业，你要用你的产品与世界对话。有的企业设立了产品经理人制度，从产品功能设计、运营策划、销售进行系统产品管理。产品定位是对产品本质的描述，限定了这个产品有什么功能作用，这个产品做什么、不做什么，让用户清晰知道这个产品可以为他们提供什么、不能提供什么。

一、给产品插上"差异化"的翅膀

目前鞋业竞争非常激烈，实体店不断关闭，这说明现在生产销售几乎都没有什么利润，其中包括运动鞋市场。但耐克却能独树一帜，这得益于耐克很早就细分市场并对产品进行精准的定位。耐克定位在运动鞋上，还专门找到一些世界级运动员，开发适合他们需要的鞋。例如，迈克尔·乔丹灌篮必须跳得高，而普通材质的鞋不可能做到，因此耐克公司设计了加气垫的鞋，并且进行功能测试，最后打造出一款拥有惊人弹跳力的鞋。耐克鞋长久不衰的原因就在于其专注于功能上，同时设计出符合年轻人的审美风格。尽管耐克公司主要聚焦于耐克鞋的功能而不是时尚,但在设计风格上满足了年轻人"即便不是灌篮高手也穿耐克鞋"的心理需求。

在产品定位中只有更好地了解客户需求,才能根据需求做出满足客户需求的产品。产品的热卖一定离不开抓住用户的痛点、痒点。例如在定位王老吉时,经了解知道广东有上千种凉茶,如何将王老吉这个商标火起来?那就是洞悉用户心理,从最早的喝凉茶解渴上升到功能性凉茶,因为功能上不能写"治疗什么功能或是防止什么",所以就提出了"怕上火,喝王老",在产品定位上以功能性定位为主。

二、给产品做减法

在电商为王的时代,很多实体店都受到冲击,而名创优品却发展得那么好。名创优品,店的名字日语(メイソウ)看上去给人的印象是一家日本公司,其实老板是中国人,他的名字叫叶国富。他把店开到世界 80 多个国家,在全球开了 3600 多家门店,年营业收入 200 多亿元。有人会好奇地问,名创优品为什么能成功?如果说过去很多企业的成功是靠渠道,那么未来企业成功一定是靠产品的精准定位。以产品驱动销售是新零售的核心,也是未来企业核心竞争力的一个砝码。名创优品的成功就是做好了三个方面：一是开发具有竞争力的产品，二是用世界上最好的设计师，三是开发新市场规模。核心点就是坚持"凡是零售做得好的公司都是产品研发好的公司"的经营理念。名创优品的商品大多都是直接定制采购，中间省去了渠道商的步骤。用"设计师"源头理念定制采购模式省去中间商环节，避免了中间的渠道商赚取差价，省去了一大笔成本开销。同时，这样可形成自己的采购数据管理系统。如果产品滞销或销量不大，则可以立刻下架处理，这样就为管理者省去了很多麻烦，可以将上千家门店运营情况做到一目了然。同时，在设计师理念上采用日本设计师"减繁生活理念、素朴生活理念"，将"复杂是世界的一部分，好的设计不是让复杂变得简单，而是复杂变得简约、极简"的设计理念融入人们心中。

第三节　聚焦、聚焦、再聚焦——核心竞争力

任正非在多次讲话中提出华为要"绝利一源"，华为要"制心一处"。任正非这个经典名言出自一本古书，这本书是《黄帝阴符经》。

"瞽者善听，聋者善视。绝利一源，用师十倍。三反昼夜，用师万倍。"意思是失明之人将视觉所用的精神集中于双耳，因此听觉灵敏；耳聋之人将听觉所用的精神集中于双目，因此视觉超于常人。一个人若能断绝使自己便利的一方，以此来收摄心神，达到精诚专注，那么胜过跟老师学习十倍；若能思之再思，昼夜再三反复思索，达到专注之至，那么胜过跟老师学习万倍。

从前有一个人与一位金融家和一位昆虫学家在公园散步，突然听金融家说："看，前面那个人掉的一个硬币是一分的，而且是1958年制造发行的。"昆虫学家赶紧走上前去看，果然发现了那枚硬币，拿起来一看果然是1958年的，太神奇了。

走着走着，昆虫学家就说："听，前面有一只金蝉，而且那只金蝉是母的。"金融家快步走到前面，突然发现了这只金蝉，捉住后，一看果然是母的。

这个故事说明了什么？它提醒我们所有的创业者不要

轻易换行业，要深挖专注，专注一个领域把它做到行业一流，把自己做成这行业的专家，大家都会佩服的。

杰克·韦尔奇是美国通用公司前总裁，其管理理念影响了世界企业界。杰克·韦尔奇上任后，对即将面临破产的通用公司进行了大刀阔斧的改革。他鲜明地提出"数一数二"战略，如果公司有不能做到第一或第二的项目，都要关停并转，这种战略最终使通用公司起死回生。

定位一流的企业价值观

价值观体现在人的行动方面，是具体的、本质的、可以明确描述的，它不能留给大家太多的想象空间。对于企业价值观，大家必须像执行军事命令那样运用它们。例如，在"某宝红包事件"中，决策层开除涉事员工的理由就是违反企业价值观，而不是说员工违反企业管理制度第几条等。因为企业价值观对企业及员工的行为具有指导作用。

实现最终盈利目标的是手段，与树立企业使命相比，在价值观层面上，公司里的每一个成员都应当有机会发表自己的看法。让员工深入地参与进来将产生迥然不同的效果，它能够提高企业全体同仁的凝聚力，企业价值观的形成是个反复实践的过程。

如果企业不能确定正确的使命，不能树立明确的价值观，将付出巨大的代价。企业管理经营涉及方方面面，企业使命与价值观是最重要的。企业的使命与价值观对企业来说是一个警示，也是一面镜子，在竞争极度激烈的大环境中，它能让企业走在正确的航道上，奔向伟大前程。

第四节　比完美更重要的是拥有
　　　　自己的闭环系统

老牛到咖啡店点了一杯咖啡，服务员老猫送来一杯咖啡，并送了一张卡。老猫说，"这是您第一次光临新农咖啡店，所以额外再送您一杯咖啡，24小时以后可以来领取"。老牛第二天过去领取，老猫说："我们这里有一个排行榜，本周喝咖啡最多的人可以获得一个大奖，您可以以后八折喝咖啡，但是您必须每周至少喝一次，否则这个清单就作废了。"于是老牛有的时候自己喝咖啡，有的时候就拿给身边的同事喝。

闭环式思维既可以相互独立，也可以相互赋能，形成闭环生态的组合，它具有一个非常强大的坚不可摧的自循环系统。闭环商业中是考虑怎么把客户引到店里面来，如果你的销售额不高，那就是引流出了问题，怎么把客户留下来形成消费？如果利润不高，怎么让顾客能够反复地消费？如果一直做不到，那就是你的回流出了问题，而裂变就是怎么让客户能够主动反复地帮你介绍新的客户。

例如，有一个做天然气生意的老友，给工业企业免费做天然气的改造，用合同绑定卖天然气，跟客户各取所需，用自己的专业创造了一个合同周期，但没有考虑到其他延伸产品的可行性，市场越来越窄。后来这位老板打造了集物流、运输、保养等于一体的服务平台，生意越来越稳定了。

我们常常看到一些人因为闭环太长，超出了生命可以承受的极限，人们称他们为傻子。然而我们也听过这样一句话——傻人有傻福，闭环思维也是一个人的活法与人生算法。

一、向动物借鉴闭环思维

闭环不仅是给自己及他人一个交代，也是保持自己核心竞争力的系统思维。闭环包括五个词：计划、执行、检查、处理、创新。如果我们用产品定位的思维来拆分认知行为，一个完整的闭环有"灵感意识—认知共识—决策行动—结果优化"这四个动作，四个动作头尾相连形成圆圈，然后去用这个闭环管理达成结果。

用闭环举一个例子，例如，一个烧烤摊老板比企业高管创业更容易成功，为什么？因为烧烤摊的生意虽然小，但是他需要完成找场地、进原料、生产、加工、销售等，所以烧烤摊老板其实具备了掌握生意闭环的条件，从实战的角度，把生意的整体逻辑走了一遍。大公司高管呢？他的学历虽然很高，位置很高，经验很丰富，但高管的工作只是一个大系统中的一个环节，一旦独立创业，他可能反而不能掌握完整的闭环系统。

科学家们发现，蜜蜂内部机构精练、分工明确、协作高效，一只蜜蜂一旦找到了花群食物的地方，马上会通知一大群蜜蜂出动采花酿蜜，不计个人得失，不管地形多么复杂，距离多么遥远，蜜蜂几乎总能找到飞行的最优路线。特别是蜜蜂的蜂窝，它更是一个巨大的精密精细的工程，构造精巧，结构坚固，承受力强。科学家对蜂窝结构的研究发现，即使非常纤薄的材料，只要把它制成蜂窝形状，就能够承受很大的压力，可见，蜜蜂才是建筑力学的真正精通者。

它们是怎么做到的？蜜蜂有明确的分工，蜂王是统帅，一般待在蜂窝负责产卵繁殖，不参加采蜜劳动，还有数个雄蜂负责跟蜂王交配。工蜂负责采集食物、保巢攻敌等工作。它们日出而作，日落而归，忙个不停。它们依靠各自的分工和职责共同维持一个集体的活动。我们人类也是一种集体活动物种。我们每一个小闭环就像一只蜜蜂，单个闭环可能非常简单，但是多个闭环连贯起来，就厉害了。遇到问题与团队分工合作，通过不断完成一个个闭环，勇于尝试，分工明确，最终构建出自己的蜂巢帝国。

二、建立自己的金字塔能量系统

很多人学了很多课程，也掌握了很多的知识点，但是并没有将这些知识形成一个系统。笔者在《心之力》一书中提到"心能转物,物能转心",关于人的意识能量,有四个层次:"无意识,无能力;有意识,无能力;有意识,有能力;无意识,有能力。"我们的思维度就如一个金字塔,而这个思维决定着我们意识的边界。比如我们的社会结构,就是一个金字塔的形状,我们现在是由政府作为社会管理的领导,但是政府里面也会有官职的高低,在最上面的最顶尖官职,一定是某一个人,然后往下扩散,之后形成一个金字塔的结构。而这个结构的本质是什么?就是在最顶端的这个人,其实他的能量是最大的,他能够吸引住整个金字塔结构所有的人,使其形成一个框架。

作为企业经营领导者或企业定位者,看事情要从全局角度,要在更高的思维层次,形成自己的逻辑闭环去看问题,要抓住问题的要害。走一步能看出三步,很多人在小学课本里都读过中国古代的一个故事——王戎识李。王戎是一个只有7岁的聪明少年,他有一天跟小朋友们一块儿玩,突然在村子外头的道路边上看到一棵李子树,上面长满了李子。小朋友们一下子就兴奋起来了,他们马上就争先恐后地往那棵树上爬,生怕失去了有利地形,都去抢摘树上的李子。就像今天我们看到许多好项目一样,好像这个也赚钱,那个也能发财,争先恐后地去争夺资源,生怕自己错过了什么机会。但是,王戎站在那儿一动也不动,静静地看着这帮小伙伴,也不上去摘树上的李子。这时有一个路过的大人觉得很奇怪,问王戎:"你为什么不去摘李子啊?"王戎说:"树上面长满了李子是不假,可是这棵李子树长在路边,居然没有人摘,这李子一定是苦李子,吃不了的。"果然,小朋友们摘完李子吃了一口以后马上就大喊:"好苦好酸啊!"

在这场争夺当中,王戎是赢家。他之所以是赢家,是因为他没有陷入一个大家公认为对的机会思维里面去。王戎一直在思考这棵树在大路边,每天那么多人路过为什么都不摘。由于思考了这个问题,他从开始就知道这是一个陷阱,他的思维已从一个闭环上升到更高一级思维度了。看破了局面,没有将自己的精力耗费在没有意义的事情上,自然而然地获得了一种认知优势,从而也获得了一种竞争优势。

奋斗者的故事（九）
德技双修职场领路人——李纲领

李纲领

李纲领，国家人力资源和社会保障部特聘讲师、高级人力资源管理师、国家SYB创业导师，2017年广东商界十大新锐人物、东莞市首席技师、智通集团副总裁、广东省职业能力建设协会副会长、广东省机器人协会教育培训委员会副主任。

智通教育是"中国驰名商标"智通人才连锁集团旗下的五大品牌之一，创办于2000年，已为上万家用人单位和20万学员提供了多种形式的职业培训，就业率始终保持在96%以上，成为中国优秀成人培训机构、国家人力资源和社会保障部职业资格培训基地、广东省中小企业培训示范基地、东莞市职业技能定点培训机构、广东省机器人协会副会长单位、东莞市机器人产业协会副会长单位。

严父下的成长

李纲领出生在河南禹州。禹州被誉为华夏第一都，这里是中华钧瓷文化的发源地，这里是中国第一个奴隶制王朝——夏朝的建都地，这里是中国四大中药材集散地之一，素有"夏都、钧都、药都"之称。著名的大禹治水的故事就发生在这里，相传禹长年在外与民众一起奋战治水，曾三过家门而不入。禹以人民的利益为先，其为世人除水患的忘我精神，已深深印在每一个禹州人的心里，成为厚重的河南人精神特质。

1968年，李纲领出生在河南禹州浅井乡寨门村一个普通农村家庭。他和其他兄弟姐妹一样，六七岁就开始帮大人做农活，打猪草，清洁猪舍、鸡棚……李纲领在很小的时候就过继到伯伯家里，以前对于没有孩子的家庭有一种做法，叫"过继"。譬如这家孩子多，那家没孩子，就过继给别人，跟他们过。

父母在他小时候就把他过继出去了，在李纲领的印象中，爷爷奶奶一直是父亲在赡养。但李纲领心里一直也没有那种过继出去了就不用赡养父母的想法。一直到现在，李纲领五兄妹都很孝顺，有什么事情都会一起分担，包括父母生病了，也一起为父母治病。

李纲领12岁的时候，家里建新房子，李纲领随父亲到山上采石，把大石头打成小石块才能用。方法比较原始——用大铁锤与大铁锥凿开石头。这需要一个人拎起大铁锤，另一个人扶住大铁锥，两个人配合才能将大石头凿开。李纲领的父亲一个铁锤下去，手都被震得发麻。父亲却面不改色，只是丢给了李纲领一个手套，示意李纲领继续拿锤。几十铁锤下来，李纲领手掌的虎口处就爆裂流血。但为了采出好石块，李纲领强忍着剧痛，用纱布将伤口缠绕起来继续干，直到采出所有要用的石块为止。

在河南农村，每年到六七月就要点豆子、种花生。李纲领的父亲对他们要求非常严格，要求每一个点种子坑，多一粒、少一粒都不行。在家里干农活时，哥哥姐姐都怕与父亲做"搭档"，因为一出错，父亲就会严厉地责备。在李纲领的印象中，河南农村没什么文化生活，小时候村里演电影像过大年一样。在小学四五年级的时候，有一次村里放电影，李纲领就带着弟弟从学校溜出去看。回来时已经很晚，原本以为父母都睡了，因为熄灯了，李纲领他们就悄悄混进被窝。母亲突然点着煤油灯，抡起了早已准备好的扫把，对他们兄弟俩一顿狂打，一边打一边骂："要你们不好好学习！要你们不好好学习，学习才能有出息！"

李纲领从中领悟到，学习不能偷懒，一定要自己去吃苦、去学。到现在他都仍保持这种刻苦、认真学习的习惯，这种精神是母亲传承给他的。

坚强与慈悲

在李纲领小的时候，父亲是村里的生产队长。每到过年，亲戚到了家里，跟父亲诉说，说没饭吃，没法过年了。虽然那时候大家都缺衣少食，但父亲总是叫母亲给他们点粮食。也不多，用瓢掏上一碗，让他们带回去。李纲领看到母亲站在旁边有点想流泪的样子，就偷偷跑到面缸那里一看，缸底都露出来了。其实自己家里也没多少面，但父亲认为，既然亲戚来了，就要给。父亲这种乐于助人的品格对李纲领的人生影响很大。父母这种对左邻右舍的帮助，对子女的爱和期望，悄悄在李纲领的心中滋长。在李纲领的心中，父亲就是这样给了他一种意志力，一种吃苦耐劳、坚毅的精神。在以后遇到新的困难、新的挑战，内心的这份力量不由自主地就出来了，支撑着李纲领坚持到底。

1983年，李纲领初中毕业时正好赶上好政策——初中毕业可以直接考师范学校。

李纲领以优异的成绩考入禹州师范学院，毕业时被分配到家乡一所民办中学当起了老师。这一干，就是12年。

后来，全市招考公办教师，2500多个人招25个，真正的百里挑一，他被录取了，感觉自己很幸运，后来被录用到县里面的实验小学。

实验小学有新的办学理念，不能按一般学校的做法来。当时的校长用人特别大胆，把体育、音乐、美术这些兴趣类科目全部放到一起，成立了体育艺术处，任命李纲领为体育艺术处主任。

成立体育艺术处的目的，是为了发现孩子的天赋与特质，提高孩子的艺术素质，要求对每个学生的艺术细胞，要有发现的眼光和能力。李纲领在学校艺术处时，非常留意每一个孩子的不同性格与特质，特地将有同一天赋的孩子聚集起来培训。例如，有音乐天赋的孩子就从电子琴开始教，培养他们的音乐兴趣；有体育天赋的孩子，就定期组织他们一起打篮球。那时候学校可以说是什么体育设备都没有，操场杂草丛生，他就经常和学生一起去除草。

校长给他一个任务，要把体育艺术处办成整个学校的特色，三年时间要让学校成为河南省名校。当时，每天下午第一节课就是特长班的课程，为了让每一个孩子都有一项特长，他鼓励每一个孩子都报一个特长班。李纲领经常组织各种各样的比赛、展览，做着做着，慢慢地全市的学校都来参观，全省的教育部门也组织学校老师来参观。

李纲领还一边做，一边写新闻报道。通过报纸、电台、电视台进行宣传，吸引媒体来采访他们这所"以体育艺术为特色的河南省名校"。三年后，这所学校真的成了河南省名校，是校长把他的潜能激发了出来。后来该校还成立了七个特长班——田径、篮球、唱歌、电子琴、绘画、演讲、书法。

李纲领的工资并不高，一个月几十元钱，还要养家糊口，但为了保证学体育的孩子的营养，他自己掏腰包买鸡买肉，让妻子煮一大锅饭菜，给篮球队的孩子们吃。回忆起来，李纲领觉得那段日子特别美好。

那时，师范学校师资短缺，老师大多身兼数职。李纲领奉命当起了数学、语文老师。学校也缺英语老师，怎么办呢？校长正发愁时，想到了李纲领。原来这位校长也是李纲领中学时的老师，他知道李纲领在中学时英语成绩就好，于是找李纲领谈话。李纲领一听，觉得自己水平还不够，担心教错了误人子弟。但校长说："即便不行，也总比没有老师好啊！你底子可以，就大胆边学边教吧！"

面对"新上任"的挑战

李纲领回忆说，"当时我的英语只有初中水平，一来就教初二英语，傻眼了"。校长说："没问题，相信你。"因为校长的鼓励，自己想着既然干了，就要把它干好。于是李纲领用微薄的工资买了一台手提式双卡录音机（当时录音机是很奢侈的，要专门去县城里买）与许国璋英语全套教程，重新去学语法。他英文写得很丑，就买了英语四格本去练习。边练边学，边学边练，教学相长，学得特别快。李纲领还找到中学时的英语老师重新学习，除了背单词、阅读，还要练好发音，这样才能更好地为学生呈现出来。他一次一次地聆听与模仿，有时学到凌晨两三点，但他觉得很正常，也很充实。

后来，李纲领带领的班级的英语成绩提高得很快，他带着学生参加市里的各种比赛，经常拿奖。从那时起，李纲领就明白了，不管你是不是这个专业，你只要认认真真地去把这件事干好，全力以赴地投入了，就会发现是有可能做好的。当一个人坚定地、全力以赴地去做一件事时，为了目标，你可以找到一切可行的方法。一个人潜力的激发，要有输入与输出的转化，一个人不逼自己一下，就不会知道自己的潜质与潜力到底有多大。这一切的磨炼、成长与进步，还要感谢当时的校长的大力支持。

在李纲领看来："职场学习，非用不能学，书，非用不能读。"但职场的学习是有目的性的，你要有很强的目的性，而且你要用，你学的时候速度和效果就会特别好。你要知道学了往哪用，有一个倒逼的前提，你就会学得非常快。前面教英语就是因为要用，所以学得特别快，潜能就逼出来了。

第三章 找到差异化，世界总会有你的一席之地

来到广东的艰辛磨炼

1998 年，李纲领当老师已经 12 年了。当时老师的社会地位低，没保障，学校时常拖欠工资，几个月后才发。当时内地经济也比较吃紧，妻子没有工作，小孩 5 岁了，整个家庭生活就靠李纲领 300 元钱的工资，根本满足不了需求。而且当时经商的都很牛，"要么当官，要么经商"。有一次，他听一个朋友说，想多挣钱就去广东，那边赚钱容易。于是李纲领决定到广东闯一闯，看看能否挣些钱补贴家用。

20 世纪 70 年代末 80 年代初，国家处于改革开放初期，整个中国出现"下海潮"，各行各业，包括政府单位的人，尤其是老师走出来的最多，"南下淘金"成为一种潮流。李纲领没有那么大决心辞掉工作，于是利用一个暑假时间来到惠州。由于拥有师范学校的专科学历，加上综合能力过硬，他被惠州一家台资企业聘为人事主管，试用期工资 600 元，转正后 900 元。这个工资比他原来在师范学校的工资要高出两三倍，而且在这里，李纲领感受到了南方地区发展与学习的氛围，于是他决定在这边多体验一下，向学校申请了停薪留职。

李纲领回忆说，他刚来广东，联络人就联络不上了，那时候只有用座机联系，怎么也打不通，有种"举目无

亲"的感觉。在火车站他还被骗了，坐摩托车又被倒卖了好几次，印象特别深。早期来广东的人可能很多都体验过睡天桥的滋味。就睡在桥洞下面，夏天天气特别热，旁边放着行李，蚊蝇飞来飞去，人来人往的，让人提心吊胆。李纲领曾经想过不如回去吧，但是出来的时候，左邻右舍都问你去哪，你说去广州，你不好意思回去啊。他跟妻子每天打一通电话，也不敢讲自己睡天桥，就安慰她，在找（工作）了，在找了。

后来投靠了一个做装修的老乡，他帮了李纲领很多忙。他们住在一个几十平方米的小阁楼，下面是钢筋之类的东西，20多个人打地铺。原本想住三五天就能找到事做，没想到一住就住了20多天，当时挺难过的。李纲领刚开始和他们一起吃饭，找不到工作，天天白吃人家的饭，后来就不好意思了。此时李纲领很纠结，很难过，原本以为到了南方到处都是赚钱的机会，来了之后发现不是那么回事，跟自己想象的不一样，想回去又觉得没面子，自信心受到严重的摧残。因为在家当老师的时候感觉还是挺不错的，换了个环境就没自信了，甚至觉得没脸见老乡，早上趁他们还没起床他就偷偷溜出去，回去的时候尽量晚一点，想等他们睡了再回去。面试时，刚开始李纲领没有职场的经历，经常被问倒，所以他拼命看职场的书充电。

就这样，李纲领在没有面试的时候，就坐公交车去图书馆看书，看到晚上9点半关门，出买吃一份5元钱的快餐，一天只吃一份。每天投简历、看书、投简历、看书，晚上就睡桥底下。他也想过要不跟着他们干苦力算了，但是想想，与其这样还不如回去，所以既然来了，还是要找一份比较体面的、工资又比较高的工作，于是他咬咬牙一再坚持，终于有了机会。

20多天之后，他终于进了一家台资企业，做了这家企业的人事主管，当时工资是600元一个月，李纲领发了工资，第一件事就是买了各种各样的礼物去看老乡，邀请他们晚上一起去吃烧烤。那时候吃个鸡腿都很奢侈，李纲领就叫他们随便吃。他很感恩老乡的帮助，他们直到现在还保持着很好的关系。

转职迎接新挑战

在台资企业工作一年多后，李纲领决定找更大平台发展。当时李纲领在企业负责人事招聘，一次偶然的机会，李纲领看到当时智通也在招人，于是决定去面试。和面试官聊了十几分钟，面试官把李纲领推荐给了苏总（智通集团的总裁）。一接触，聊了半个小时。李纲领发现苏总很有亲和力、感染力，他们从智通发展的理念聊起，谈到为什么智通一开始是做实业的，却办走了人才市场。原因是当初东莞莞太路整整有100多家大大小小的中介机构，对面就是东莞汽车总站，求职者经常被骗钱，他们当初的发心，就是改变这种混乱的求职市场。李纲领觉得她说的跟自己很多的经历很相似，受到这份理念的感染，李纲领马上就入职了。

到了智通之后，他发现找对平台跟对人太重要了。智通这个民营公司，人性化非常明显，整个环境很有人情味，福利很多，发纸巾、发水果，之前从事教育的感觉慢慢找回来了。工资变成2000元，比刚开始翻了很多倍。所以他就在智通稳定下来，留在了广东。2000年，李纲领又加入了智通人才公司，那时候智通人才公司还很小，只有二三十个人，李纲领是行政人事部主管。说是行政主管，其实当时李纲领发现这个部门是新建的，就自己一个人，其实就是一个光杆司令。

李纲领做的第一件事是调整公司的架构和薪酬体系。当时的上司苏总有非常先进的理念，要将智通从小的人力资源公司上升到更高的层面去。所以她新成立了这个部门，时刻关注内部员工的成长。当时李纲领为了做一份计划书，熬了一个通宵，做出了一份20多页的规范的薪酬体系计划书。当时做完已经是早上6点多了，李纲领将用一夜时间做的计划书塞到苏总办公室门缝里，吃了早餐就去上班了。

后来他把这份经历写到职场文章里，告诉职场人，任何事情，你承诺了一定要兑现，还要提前一点点，要超越对方一点点。因为李纲领让老板看到了职业精神，所以他半个多月就提前转正了。李纲领把之前做教育的一些经验、理念跟老板沟通，认为作为人力资源机构，不仅仅只是给人才找工作、对接，还可以帮人才去培养职业技能。当时智通已经有了一个电脑培训中心，李纲领在这个基础上又引进了人力资源管理师、模具设计、平面设计、服装设计等专业……越来越多职业技能培训，然后升级为学校，升级为广东职业培训学院，一步一步升级。目前拥有12个专业，12所院校。

人生要主动，不要等着老板给你派任务

当时李纲领的职务是人事主管，在他在做好本职工作的同时，还经常协助上级以及其他部门完成其他的工作。李纲领没有限定自己是哪一个部门就只履行哪个部门的职能。智通开办的每周三、周六的人才市场，人山人海，李纲领主动到一线去，帮忙维持秩序。慢慢地就把现场的服务、安全、保安、礼仪等群体管理的工作都接手过来了，介入到业务工作中去了。当年他也没有人力资源业务合作伙伴的概念，就觉得自己应该多做点事情。后来领导层们觉得李纲领这个小伙子挺能发现机会的，就给他负责一个新的板块——做培训。就这样李纲领从人事招聘、薪酬体系到周六日的现场招聘会，样样做到位，赢得了上司及同事的认可。后来，李纲领被调入总经办，接着被提拔为集团副总裁、智通教育的董事长。这一干，又是近20年。

感恩生命中所遇到的人

李纲领在职业教育这一块慢慢找到了自己的职业归宿，越做越喜欢，越做越有感觉。李纲领对教育事业充满了热情。从师范学校毕业后，在家乡的实验中学教书时，1996年李纲领还写了一首歌，邀请音乐学院的老师作曲，这首歌作为校歌，现在还一直在校园里传唱。从1986—1998年，这12年的教师生涯，让李纲领收获了很多。首先是敢于挑战。遇到问题不要暗示自己"我做不到"，而是给自己信心，"我敢去尝试，我要去试一试，才知道自己行不行"。很多工作不是自己预设的，很多事情不是想好了才去做，而要有一个思维：你面临这个挑战的时候，你有没有做好思想准备。李纲领发现，每一次尝试都给自己带来了意外的收获。第一就是遇到了任务就要把它干好，要有责任感；第二就是有目标一定要把它完成；第三就是感恩。

第三章 找到差异化,世界总会有你的一席之地

集团实训基地

在学习中放大事业的使命

李纲领向集团领导提议把原来的培训中心升级为学校。培训专业有人力资源管理师、模具设计、平面设计、服装设计等,后来东莞很多这些专业的培训都是从智通引进的。到后来成立了高校服务部,专门为大学生提供就业服务。李纲领印象最深的是西安交通大学,智通在2001年举办第一次校园招聘会,就是去西安交通大学,很牛的一所学校。李纲领一个人在西安发展了十几个高校联络站

的学生，跟他一起召开记者招待会，把西安知名媒体、高校，以及管就业的老师都约过来，引起了良好的反响。结果从 2001 年开始，校园招聘会一开就是十几年。后来被政府命名为"引智引才"招聘会，受到政府专门支持。

2013 年，东莞申请成为电子商务示范城。但当时电子商务方面的人才很欠缺，于是李纲领就成立了电子商务学院。2015 年，国家提出"中国制造 2025"，东莞提出"机器换人"。李纲领就琢磨，机器换人，那换人之后，人干什么？机器谁来命令它？维护它，操作它？于是他们开始引进工业机器人培训。

他们是属于比较早上这个项目的，结果一上，很快就火起来了。他们根据企业岗位的实际需求推出服务项目。后来李领纲去大学生招聘会的时候，顺便给他们做就业指导，发现很多高校也想增加工业机器人专业，但他们没有师资、没有教材、没有设备。所以从近几年开始，他们和高校合作，往高校投入设备、师资，并出版配套教材。三位一体配套，毕业生毕业之后还包就业。于是智通教育和人才就业形成了一个闭环，一个人才教育的模式。

教育的本质是"爱"

从 2016 年到现在，李纲领在经营方面精力投入得越来越少，重点放在总结上，总结过往人生的一些亮点，把这些亮点变成一堂堂课、一篇篇文章。有时在公司内部上课，传开之后，他就经常受邀到同行那里去讲课。2017年，他受邀去人社部组织的全国人力资源经营培训班，专门为全国同行的企业经营者培训。分享作为一个高管，作为一个老总，应该带着什么样的使命感，怎样带领自己的团队，怎样通过自己的团队去为大家服务。

智通教育成立之后，李纲领慢慢有了一种使命感，总结自己30多年的经历的时候，就在想自己到底能为这个社会、为职场人做点什么。

2016年1月1日，李纲领在朋友圈发了一篇文章——《使命！我有一个夙愿——要把智通教育办成一所具有人文情怀的机构》，里面提到"不仅帮助学员学会一项技能，还要帮他们建立人生梦想，拥有良好的职业素养，让他们德技双修，帮助他们成就家庭"。

因为爱，才有教育的魂

"教育的本质是爱"，李纲领将这句话记在自己的课件里，并将这个从事教育的核心灵魂写在自己的文章里，分享给团队。李纲领跟伙伴们说："这就是我们的一种使命，一种情怀，作为教育工作者的一种发心。"

教育的本质是爱，怎么爱？要能落地。李纲领说，"我们作为教育从业者，如果每一位老师都能够发自内心地对待我们的学员,像对待我们的孩子一样,看着他们一点点成长,你眼里就会闪烁激动的泪花。这就是铸工匠之技、立师者之德——中国职业教育的新使命和新价值"。

团队访问李纲领先生,左一邓珊珊、左二中原景辰、左三李纲领、左四徐宛惠

奋斗者的故事（十）
不忘初心，做政府与企业"合规"的推动者

李民

李民的父亲是河南省许昌市二轻工业局的一名普通干部，父亲是那个年代不可多得的一位读书人。在李民儿时的印象中，父亲藏书颇多，也会常常给她讲自己的读书心得。父亲身体不好，是瘦弱的母亲独自一人撑起繁重的家务劳动。每当寒冬来临的时候，是母亲拉着两轮架子车去煤厂拉煤、配土、打煤球。在她的记忆中，满满都是母亲

在凛冽的寒风中吃力的脚步和躬成 90 度的背影。恰是这种润物细无声的影响，小时候的李民就有一种"巾帼不让须眉"的特质，对未知的世界充满了强烈的渴望。

记忆中的父亲精通数理化、博闻古今文史，性格宽厚且寡言。父亲出身于"地主家庭"，曾经长时间被下放劳动改造。即便是在劳动改造期间，父亲也未曾忘记过读书，无论是"被打倒"还是平反。对于这种不公正的对待，父亲始终未曾有过任何抱怨。父亲话不多，但讲得最多的一句话就是"人呐，要多讲好话、多做好事"。刚刚恢复工作时，父亲为尽快完成使命，无暇顾及周遭，夜以继日地工作，呕心沥血编撰《许昌地区工业地方志》。每每捧读父亲编撰的书籍，李民渐渐明白了父亲的平和与坚毅的品格、无求与追求的境界，背后是父亲对历史的深刻理解以及对自我的严格要求。而这些平凡生活中的点滴，岁月流转中的善良、宽让、自律无形中又深深影响了后来成为律师的李民。

因为成绩优异，小学三年级时，李民就被选入校乒乓球队。少年时期的她，每天坚持凌晨 5 点准时起床，跑步两公里，第一个到校参加体能晨练；下午三四点，当同学们还在伏案读书或者嬉戏玩耍的时候，她就已经开始了枯燥的技术训练，一个动作重复了一千遍一万遍，泪水、汗水湿透了衣服。整整三年的时光，她从不敢有一日懈怠。

第三章 找到差异，世界总会有你的一席之地

获奖中的李民

努力终究不负有心人，她被选拔进入体校，成为一名乒乓球运动员，完成了她少女时代的第一个梦想。对于一个不满 10 岁的孩童，这样枯燥而又特殊的经历，日复一日打磨着一个人的品质。

成长比成功更重要

1993年,李民从河南省司法学校毕业后被分配到区司法局工作。工作两年后,不甘于当时的工作状态,李民于1995年考取全国律师资格证书,顺利加入律师队伍。那个时候律师事务所还是国办律所,律师仍然隶属于政府体制内的,每个月享有100多元的基本工资。然而安逸的工作以及幸福的生活并没有消磨她对梦想的渴望。2000年,全国迎来司法体制大改革,所有国办律所、律师与政府机关全面脱钩,当其他同事调回司法局工作的时候,她决定留在律师事务所当一名执业律师。

一边是繁忙的工作,一边是照顾即将步入小学的女儿,但这丝毫不影响李民于2004年考取了法学研究生。1993—2003年,她一步一个脚印,完成了从毕业到转岗做律师、从律考到考研的全过程,练就了一身扎实过硬的基本功。

2007年6月,研究生毕业时,李民说服了父母和丈夫,孑然一身带着年幼的女儿踏上宁波这片陌生的土地。在宁波,她方言不通,没有家人理解,没有朋友支持,也没有资源可靠,李民独自一人默默坚守着自己的律师梦。

2016年3月,李民获得"宁波市优秀律师"的殊荣,而此时距离2007年,已经时隔近10年。

第三章 找到差异化，世界总会有你的一席之地

李民在培训工作现场

不忘初心，努力成为政府"合规"推动者

2004年9月，读研伊始，李民就选择了宪法与行政法学专业。在经济法、商法高热的时代，这是她做出的又一个与众不同的选择。

十多年来，在行政法学领域，在依法行政的道路上，她初心未改，遵循着自己对法的理解和执念，在推动政府行为的"合规"方面做出了应有的贡献。在李民看来，政府部门作为法律的制定者、社会秩序的倡导者，首要解

147

决的就是政府行为的"合规"问题,只有这样才能有力推动社会文明进步,这也是法律人的使命所在。执业期间,作为市级行政执法监督员,她先后配合完成公路交通部门"三改一拆"专项行动;配合完成渔政系统"三打一整治"专项行动;配合完成公安机关"注水牛肉专项行动",保证了市民的餐桌安全。2016年,受国家税务总局宁波市税务局委托,她圆满完成某集团公司诉讼的出口退税行政处理决定一案(涉案金额25615391.31元),目前该案已经成为全国税务系统的典型案例,在各地税务机关推广学习。

充满活力的团队

李民潜心为政府招商引资、重大建设工程项目提供专业支持,为政府的重大经济决策提供法律帮助。2016年8

月始，李民参与台州轨道交通（市域铁路）PPP项目，该项目一期投资220亿元（椒江至温岭段）。法律服务期间，参加政府方与社会资本方的谈判；负责审查、起草、修订"政府方与社会资本方合作协议""特许经营权合同"、SPV公司章程及项目下的其他合作文件。2017年10月，台州市政府市域铁路S1线一期PPP项目顺利实施。由于市域铁路建设的特殊性，该项目已列入财政部PPP项目的示范案例。

2018年年底，李民接受宁波市鄞州区政府委托，参与鄞州区某城中村项目的招商引资的法律专项服务。该项目作为鄞州区的门户项目之一，承载着各层面的殷切期望。项目投资规模约100亿元。政府与社会资本方的"战略合作协议"以及"项目合作备忘录"已经于2019年签署完成。目前，政府方与华润置地（宁波）有限公司正在进行一级开发、二级开发的协议磋商。

继续挑战，做一个企业"合规"的引领者

作为法律人，帮助企业完成"合规"体系建设，让其少打官司，正是李民团队面临的新挑战。建立企业"合规"体系，能够帮助企业从知识产权保护、合同规范管理、人资管理、公司治理、融资风险、刑事风险等各方面构筑"合规"的防护墙，帮助企业抵御不确定性风险，降低未预期损失，增加股东收益和企业价值，有效防止企业家潜在的刑事风险。法律更大的作用在于事前预防，而不是事后诉讼。治重症，将会消耗浪费更多的企业利益和社会资源。

今后，李民更想做一位"普法"者，因为她知道，法律的制定者、执行者更需要了解和掌握法律。执法者的一丝偏差，损害的不仅是当事人的权益，更会损害政府在民众心中的信用，以及公民对法律的信仰。

在未来，越来越多的企业将会走出去，融入世界多元化竞争当中，中国企业将会遭遇到知识产权、贸易规则、行政处罚等企业"合规"的诸多挑战。稍有不慎，企业这艘船就会被淘汰甚至淹没在大海中，企业家也会因此受到牵连。李民将秉持着法律人的荣誉感、使命感，专注于企业经营"合规"事业，要帮助更多的企业家掌握"法商思维"，帮助更多的企业抵御未知风险。

第三章 找到差异化，世界总会有你的一席之地

奋斗者的故事（十一）
从月薪 2000 元的轮胎搬运工到亿元老板

于建文出生在豫东平原周口太康一个农村家庭，父母都没有读过书。小的时候于建文动手能力非常强，非常能吃苦，在家帮父母喂猪、养羊、卖冰棒等。于建文是那种话少多干活的人，同很多同龄小伙伴一样，于建文中学毕业后在家闲不住，不想像父辈一样"面朝黄土背朝天"，一心想出来闯一闯。

2000 年，他岳父在广州开了一家小型汽车维护店，刚出来想做点事的于建文并不懂得汽车修

于建文

理，只能当学徒工配合汽车师傅修理，每天大多是拆轮胎、搬轮胎、装轮胎。其他工人卸装一个轮胎要一个小时，而于建文拆卸一个重型车轮胎在 30 分钟内就可以完成，同其他工人一样一个月 2000 元工资。由于于建文为人热情、勤快，在修车时接触了很多开重型车的司机，也认识了很多经营土方生意的老板，他自己也喜欢开车，当时正好一个泥头车公司需要司机，于建文选择去开"泥头车"，慢慢接了一些"土块"泥头车业务。由于楼市经济的崛起，很多楼盘建筑工地崛起，泥头车土方的业务也在不断增长，于建文决定全力投身泥头车业务，先是用自己积攒的钱买了第一台泥头车，后来通过向亲友借钱又买了 3 台，慢慢运营后增加到 30 多台车。

"吃亏是福"，学会让别人占便宜

人们在日常生活中或许发现有些人喜欢"占便宜"，于建文却认为"吃亏是福"，要学会让他人占便宜。在运营车队时，于建文把更多的利润分给司机及事业合伙人。与于建文合作的人都知道，于建文用人更注重"事上炼"，再好的嘴巴都不如在行动中检验，"知行合一"是一个人品格最高的修炼。他将这一经营思想融入了企业文化中。

由于购买重型车比较多，引起上海上汽红岩集团公司

第三章 找到差异化,世界总会有你的一席之地

于建文代理的红岩重型车

(以下简称上汽红岩)的注意,上汽红岩邀请他到上汽红岩制造厂参观,希望于建文能成为上汽红岩在广东惠东的销售代理商,于建文当场就决定了。

于建文一口气订购了10台重型车,准备在惠州销售,但是推销了几个月才卖出去2台,于建文想了很多营销办法,从线上网站推广到线下"地推式"发传单,很多方法都尝试过。最终他选择精准营销,专门对接土方工程的企业,从早期的企业黄页打电话联系业务开始,一家一家客户上门拜访。后来他慢慢发现买车容易,但车子的后期

153

养护与维修也非常重要，于是将重点放在销售服务上，为用车企业解决快速维修、节油等提供系列方案，赢得了用车企业的认可与信赖，这些客户企业成为"转介绍"的源源不断的订单来源。

规模宏大的新车停车场

儒雅大方的中原文化继承者

于建文出生在河南周口这个具有深厚历史文化的地方。周口是伏羲故都，老子故里，《道德经》文化的源头，是九州圣迹中华文化发祥的重地。《道经德》的朴素思想影响了全世界。在未来商业文化中，"文化返璞于素朴"是人心灵回归的必然规律。在于建文看来,世界上最伟大的商业模式是利他模式。你能为别人创造多大价值,你就有多大价值。这个世界没有人会因为给予而变得贫穷,生命的意义在于付出,在于给予,没有人因为帮助了很多人而贫穷。

中原景辰一行与于建文先生合影

编者点评:

　　于建文从月工资2000元的轮胎搬运工做到后来资产达6亿元,笔者在同他的交流中感受到他的儒雅与谦和,在他的"吃亏是福"哲理中感受到他的胸怀与格局,在他的朴实与热情中感受到他对事业的笃定。他做事专注至诚,为人谦和实诚,他与妻子相敬如宾,合作伙伴和朋友都非常欣赏他那非凡的人格魅力。

奋斗者的故事（十二）
贝壳网创始人左晖的"诚意"经营之道

买房子一直是很多人的一件大事情，人们买房过程中大多都要经历中介这一环节，而中介的不透明、中间操作导致买卖双方受损失的事情时有发生。有这样一个人，他改变了这个行业的现状，他本人从一个几千元的系统开始，打造了一个年交易额 30000 亿元的公司，这个人就是贝壳网创始人左晖。

2021 年 5 月 20 日，左晖离世，不承想天妒英才！他是房地产中介行业新商业理念的引领者、践行者，他在迷茫挫折中反思意诚之道，找到了自己的使命，在房地产中介树立了一面旗帜——真实房源、不骗人。

再也不干昧良心的事

左晖 1986 年大学毕业。1993 年第一次创业的时候，他做的是计算机软件开发和系统集成。当时为了获得订单，需要请客送礼，这让他感到很不舒服，于是他想找一个市场程度化比较高的行业。在 2004 年，左晖创立了一家地产公司。当时二手房的买卖和租赁的中介除了中介费是拿明价之外，在二手房交易的买卖双方之间还存在赚取差价，这是行业的普遍现象。左晖干的公司也免不了这样的市场买卖，向买卖双方赚取差价。公司有一位员工，在一次交易当中赚取了差价，后来跟客户见面时不小心穿帮了，这个客户就大发雷霆，骂他们是黑中介、骗子公司，赚黑心钱。

后来这位员工把这件事情讲给他听，他感到无地自容，恨不得有个地洞钻下去，良心受到了极大的谴责，被别人骂成这样，自己是骗子，干的是骗人的勾当，这种招人讨厌的事就算赚到了钱又有什么意思呢？但是当时公司刚刚经营了两年，赚取差价收入大约占总收入20%，公司一直处于亏损状态，这个时候刚刚达到盈亏平衡。左晖就把20多个经理找来商量，大家讨论以后，多数人认为应该放弃这个差价，但是也有少数人认为现在刚刚达到盈亏平衡，放弃的话岂不是又要亏损20%？但左晖的良知告诉他，"这样的钱就是赚到了，也不会长久"，于是他下定决心哪怕是继续亏损，也不能再欺骗客户了，再也不干昧良心的事。

选择长期主义作为公司发展理念

左晖在白板上写了两个字——"从良"，并坚定地告诉公司的伙伴，"从现在起，让我们一起改邪从良吧，不再卖假房源"。只有把客户价值放在自身短期利益之前，

157

公司才能获得长远的发展。2011年,左晖带领链家开始强推真房源,推出在网上看到的都是真实在卖的房源。如果客户发现不是真房源,被骗了,链家当场赔你100元。这个其实很需要勇气,因为这个曾经导致了链家连续3个月业绩严重下滑。在坚持6个月之后,左晖发现链家的交易数据开始触底反弹,因为客户也都是聪明人,大家最终会意识到价值和套路之间是有巨大的区别的。这就是贝壳创始人一直坚持的长期努力——不断地把团队往艰难而正确的道路上推,正因为左晖选择了这条路,选择了放弃赚差价,后期,左晖的公司收入不降反增。

意诚唤醒"良知"的力量

痛点就是客户的需求点,就是企业存在的价值点,推行真房价,就是要改变房地产中介中不诚信的痛点。做生意讨价还价是不是我们的商业习惯?左晖认为,"讨价还价背后的本质是双方互不信任"。但是,要推行真房价,在当时公司近2万人的团队当中,不用讨价还价,使房价透明交易,几乎没有人相信,但最终的结果证明左晖的坚持是非常成功的。因为左晖内心相信诚实是一种伟大的力量,大多数人往往低估了它的作用。所以环境对人的影响是非常大的,心能转物,物也能转心。左晖在充斥潜规则和虚假信息的房地产经济行业鲜明地竖起"良知、诚信"

的旗帜，建立了良好的信誉。2017年，贝壳找房成立，在开展新房业务的时候，左晖提出了"不骗人、不行贿、阳光作业"。左晖作为贝壳找房的首席运营官，当时在新楼盘的分销当中仍存在灰色地带，从公司运营第一天开始，就严禁给任何开发商任何好处。因此开始的时候贝壳网只能接到一些难卖的楼盘。贝壳网口碑很好，但是业绩不好，怎么办呢？光有诚心还不行，还要团队协力。

经纪人协力合作，你要是擅长挖掘房源，你就专心地去挖掘房源。你要是擅长处理交易，你就专门做撮合成交。合作协同的最夸张的时候，一套房产交易是由3个经纪人协作完成的，这3个人都拿到了佣金分成。这还不是特殊情况，平均来说，贝壳上10单交易里面就有7单是由2个以上的中介门店来协作完成的。这样明显的效果，让更多人加入贝壳平台合作。2020年合作承担的规模比2019年提高了三倍之多。这也是为什么贝壳的CEO彭永东说，这就是杜绝搞不正当竞争，倒逼团队往正道上拼命努力，结果就打造出了贝壳网强大的渠道分销的能力。

比如贝壳刚进入昆明的时候，接了一个不太好、比较难卖的楼盘，取得了令开发商大吃一惊的成绩。在昆明的这一炮打响以后，附近的开发商纷纷找上门来。在阳光下，贝壳网立刻赢得了众多开发商的信任，建立了与开发商平等互利、合作共赢的关系。就这样，在新房销售领域，贝壳网开始异军崛起。2018年成交额2000多亿元，2019年成交额7000多亿元，在疫情期间居然做到了13800亿元，短短3年突飞猛进，获得了长足的发展。这个找房平台的交易额2019年是2.1万亿元，2020年是3.5万亿元，2020年8月贝壳网在美国纽交所成功上市，当前市值是4000多亿元。左晖用了三年时间，带领他的贝壳网奇迹般地取得了成功。

在问到成功的原因时，左晖只强调了三个字——"不骗人"。他说没有什么高超的商业模式，就是"不骗人"。这是小孩也懂的道理，然而，在当今这个浮躁的商业社会，特别是在口碑不太好的房地产中介这个行业，几十万经纪人要守住不骗人这个底线谈何容易。但总会有人选择诚心诚意，目的是让客户放心，让客户信任，让员工、让经纪人阳光，工作体面有尊严。左晖坚定地选择长期利益，选择做正确的事情，而不是快速成功的事情。

后　　记

从 9 年前出版《专注与多元》一书，到现在《使命的力量》系列书籍，过去 10 年中，本人专注于中国企业和企业创业者的使命定位研究，多年来梳理采访近上千位企业创业者，他们有的是中小企业主，有的是创业者，也有的是百亿、千亿级企业家。创造非凡成就的人，都拥有清晰的定位。有定位与没定位的人差别很大，有清晰的使命和目标与没有清晰的使命和目标的人差别也很大。

在日本众多百年企业中，有一家做巧克力的门店，已经经营了近 200 年，传到了第八代。每一代都有传承仪式，将企业经营理念"使命"以家训的方式传承给下一代接班人。如伊藤忠商企业的使命是"一人为商、使命无限"，在新职员入职的时候告诉成员："不做违法的事，不做违反社会公德的事，做好商人的本分。"企业的经营理念与使命传承的目的是什么？就是告诉继承者什么事可以做，什么事不可以做。通过借鉴百年企业的经验，我们深深感受到企业理念传承的重要性和使命的重要性，也明白了百年甚至千年企业的经营理念。

使命的力量 II
——当下企业家的时代使命

我们如何处理好短期主义与长期主义的关系？

综观当今时代，世界好像变了。家乐福在中国经营很多年，营收48亿元，而且还在不断减让；而喜茶三年就卖到了上百亿元，名创优品早期创业时也是从路边的"一元店、十元店"做起，现在全球开了3600多家门店，已经是百亿级企业。这个时代变了，人的思维变了，世界的消费观念变了，现在更多的人回归"减繁、素朴、返璞归真"，更多的人开始回归理性与平和。没有一面镜子能恢复成原材料，没有一块面包能变回麦子，没有一粒成熟的葡萄再变回青涩的果实。同样，人生不能再重来一次，唯有让自己成熟，找到生命的热情与使命，为社会创造更多的财富，实现精神与财富的双丰收，才是圆满的人生。然而，拥有这一切的关键是拥有一个清晰的生命定位，因为你在一件事情上所发挥时间的长度，决定着你生命的质量与长度。

人生就是一趟旅程，这趟旅程就是从此处到彼处，能抵达的唯一时间就是此刻，这趟旅程最大的幸福，莫过于在旅行中找到自己的使命。在未来，如果每个人都能找到自己的使命，身边的人将因自己的改变而改变，社会会因我们的改变而改变，我们的国家会因社会的改变而改变。当一个人找到自己的使命、找到自己生命热情的时候，生命力的能量将会放大一百倍甚至一千倍。

后　记

　　这是一个伟大的时代，这是一个成就非凡人生的时代，做最棒的自己，跟上这个时代，我们每一个人都能找到使命、激发使命、定位使命、发挥使命、完成使命，让我们不负时代、不负此生！

　　在本书完稿之际，非常感谢中山大学出版社王天琪社长的鼓励，感谢中山大学出版社吕肖剑先生在书稿出版前进行多次的修正与指导，特别感谢广东华南经济发展研究会的张仁寿教授的大力支持。同时感谢和风番中日文化传媒有限公司及启因事务所团队的小伙伴们的努力付出。

中原景辰
2022 年 6 月 28 日